Shawn Bach

Teoria da mudança: uma nova dinâmica em aconselhamento

Shawn Bach

Teoria da mudança: uma nova dinâmica em aconselhamento

mudança

ScienciaScripts

Imprint

Any brand names and product names mentioned in this book are subject to trademark, brand or patent protection and are trademarks or registered trademarks of their respective holders. The use of brand names, product names, common names, trade names, product descriptions etc. even without a particular marking in this work is in no way to be construed to mean that such names may be regarded as unrestricted in respect of trademark and brand protection legislation and could thus be used by anyone.

Cover image: www.ingimage.com

Este livro é uma tradução do original publicado sob ISBN 978-3-8443-2216-3.

Publisher:
Sciencia Scripts
is a trademark of
Dodo Books Indian Ocean Ltd., member of the OmniScriptum S.R.L Publishing group
str. A.Russo 15, of. 61, Chisinau-2068, Republic of Moldova Europe
Printed at: see last page
ISBN: 978-620-2-95633-8

Tabela de Conteúdos

Introdução:

Para mim o aconselhamento é melhor definido como um processo de ajuda que tem lugar numa atmosfera de aceitação, respeito e confiança. É muito importante para um conselheiro desenvolver a sua própria teoria de aconselhamento; de modo a estar melhor equipado para ajudar os seus clientes. Quando um conselheiro não está familiarizado com as teorias que está a tentar utilizar, é muito difícil para o cliente sentir-se confortável com o conselheiro. O conselheiro com um bom conhecimento da sua teoria continua a ser o conselheiro mais apto a ajudar os seus clientes. Muito poucos que entram no campo do aconselhamento adoptarão a abordagem teórica exacta de qualquer teórico de aconselhamento; em vez disso, muito provavelmente construirão a sua própria teoria, que engloba trabalhos de diferentes teóricos, reunidos com o objectivo de fornecer os melhores serviços de aconselhamento possíveis. O que irá prosseguir é a minha teoria do aconselhamento;

which is an eclectic model heavily built on the theories of Albert Ellis, Aaron Beck, Donald Meichenbaum, Carl Rogers and Spencer Johnson, while encompassing the theories of numerous other counseling theorists to illustrate what I believe to be the best working theory for my personal use within a therapeutic setting. I will examine what I believe to be the absolutes, roots, and trouble inducing factors of human behavior; then I will examine the ways in which I feel I can help people, and the techniques that I would utilize to do so. Psychological theory, literature, and personal experiences will be reviewed and referenced in this paper to illustrate beliefs and conceitos. A minha teoria propriamente dita será dividida em sete partes.

Um Priori Assumptions:

Os meus primeiros pressupostos A Priori são da natureza mais básica. Acredito que os seres humanos são capazes de aprender e os seres humanos são capazes de mudar e que, de alguma forma, os seres humanos são influenciados pelo que ocorreu no seu passado. Acredito que todos os indivíduos estão constantemente a caminhar para a auto-realização, no entanto, acredito que a forma como a auto-realização é definida é diferente para quase todos os indivíduos. Quanto a dizer que algumas pessoas estão saciadas por um nível inferior de auto-realização e que outras precisam de atingir um nível superior para se sentirem saciadas. Outro pressuposto A Priori é um que partilho com Albert Ellis; a crença de que não existe tal coisa como uma pessoa má; apenas pessoas que fazem coisas más. Ellis afirmou:

> "Não, não podemos dizer com precisão que algumas pessoas são essencialmente más. Mesmo aqueles que cometem muitos actos imorais teriam de o fazer a toda a hora para serem pessoas más. Como Alfred Korzybski escreveu em 1933, chamar qualquer pessoa maligna é generalizar falsamente e condená-la completamente por alguns actos malignos. Invariavelmente, os Hitler e os Ted Bundy's do mundo, que cometem constantemente alguns dos piores crimes, também fazem uma série de actos bons e bondosos. E algumas "pessoas más", como Santo Agostinho quando jovem, alcançam mais tarde a santidade. Os seres humanos são falíveis e mutáveis" (Ellis, 1999).

Concordo fortemente com Albert Ellis, não acredito que exista tal coisa como uma pessoa má; também não acredito que exista tal coisa como uma pessoa boa. Acredito que todos nós nascemos apenas pessoas e continuamos a ser assim. Com o tempo, podemos tornar-nos pessoas que fazem coisas boas ou pessoas que fazem coisas más, mas independentemente de ainda sermos apenas pessoas e de não existir tal coisa como uma pessoa boa ou má.

Enquanto Gordon Allport (1955) nunca afirmou que não existia uma pessoa má, as suas teorias apoiam fortemente a ideia. Allport foi um dos primeiros teóricos psicólogos a salientar a singularidade de cada indivíduo e a importância de avaliar as suas situações presentes e passadas ao tentar compreendê-las. Allport continua a dizer que as pessoas fazem coisas más porque de alguma forma, através da racionalização ou aprendizagem deficiente, fazer coisas más fá-las sentir-se bem. Ele teoriza que se fazer coisas más fizesse as pessoas sentir-se mal, elas não as fariam. O que Allport está a sugerir é reforçado ao olhar para a nossa sociedade. Cada indivíduo tem experiências passadas diferentes, bem como uma situação presente diferente. Quando as pessoas fazem coisas más, desenvolveram-se e foram influenciadas por um ambiente que de alguma forma as levou a um ponto em que podem normalizar o seu comportamento e sentir-se bem ou, pelo menos, confortável com ele (Nicholson, 2003). É horrível, mas há pessoas que cometem assassinatos, violações, tortura de animais, assaltos, agressões, e muitas outras coisas más e se sentem bem porque isso as faz sentir-se bem. Quando olhamos para as pessoas através dos olhos de Allport, podemos ver que dado um certo conjunto de factores situacionais, passado, presente e desenvolvimento, qualquer um de nós poderia fazer coisas horríveis e justificá-las dentro do nosso sistema de crenças. Como podem as pessoas que fazem coisas más ser más pessoas se algum humano colocado no seu lugar durante toda a sua vida teria provavelmente feito a mesma coisa?

Aquele que luta com monstros pode ter cuidado para não se tornar um monstro. E se olhar durante muito tempo num abismo, o abismo também olha para si (Nietzsche, 1973).

Pessoalmente falando, conheci muitas pessoas. Trabalhei na indústria de clubes de striptease durante oito anos, fiz filmes independentes, tive um contrato de gravação como cantor, trabalhei numa instalação de captação de Baker Act, e actualmente trabalho num centro de reabilitação de drogas e álcool do Departamento de Correcções. Em todas estas situações, conheci pessoas que mais rapidamente rotularia como más pessoas. Também na minha vida tenho estado muito envolvido em actividades eclesiásticas, actividades políticas e sociedades de excelência académica. Em todas estas situações, as pessoas a quem estive associado foram os tipos de indivíduos que a maioria da sociedade rotularia como boas pessoas. Deixem-me apenas dizer que não há diferença entre qualquer uma destas pessoas. Já vi membros do grupo que a maioria rotularia como más pessoas fazerem coisas melhores e mais altruístas do que o grupo que a sociedade rotularia como boas e já vi membros do bom grupo fazerem coisas tão desprezíveis que os membros do que seria rotulado como mau grupo ficariam horrorizados. Não há diferença. Cada um de nós é capaz de fazer coisas maravilhosas bem como coisas más; a construção social que construímos de que as pessoas que fazem coisas más são más pessoas e as pessoas que fazem coisas boas são boas pessoas é falsa e ilógica. As pessoas que fazem coisas más que a maioria da sociedade não faz não são más pessoas; devem ser encaradas situacionalmente em termos do seu passado, ambiente, educação, saúde mental, e situação de vida actual. As pessoas são apenas pessoas e eu não acredito que haja um de nós que cometa apenas boas ou más acções.

Outro pressuposto seria a crença de que não existe tal coisa como uma pessoa altruísta; que todas as pessoas, independentemente de quão puras e altruístas parecem, são de alguma forma guiadas pelo pragmatismo. Por outras palavras, todas as suas acções são, de alguma forma, do seu próprio interesse (James, 1991). Compreendo que há muitos casos de altruísmo na personagem de Martin Luther King JR, ou Madre Teresa, ou Gandhi, mas ainda não acredito num indivíduo puramente altruísta. Agora certamente há muitos que são muito mais altruístas que outros, mas acredito que ainda há um grão de interesse próprio na mistura algures. Os indivíduos que fazem coisas maravilhosas são frequentemente creditados, anunciados, ou santificados pelas suas acções; não me interessa quem são, essa é uma experiência muito agradável. Estou a dizer que estes indivíduos fazem o que fazem apenas pelo crédito, absolutamente não; mas é sem dúvida uma parte da razão pela qual decidem fazê-lo.

Uma hipótese adicional de A Priori centra-se no livre arbítrio. Muito se fala sobre o livre arbítrio na nossa cultura. Outrora um princípio puramente dogmático de muitas religiões; o livre arbítrio cresceu agora para englobar um sistema de crença de que a todos os indivíduos foi concedido o poder de fazer as escolhas que os levam às suas próprias consequências. No entanto, continua a ser minha convicção que o livre arbítrio não existe, porque nenhum de nós, religiosos ou não, éramos livres de o escolher. Penso que, se fosse dada a oportunidade, muitas pessoas renunciariam ao livre arbítrio se lhes fosse dada a oportunidade. Não porque não gostariam de o ter para si próprias; mas simplesmente porque gostariam de evitar ser afectadas pelo livre arbítrio dos outros. A humanidade abraça o facto de que é livre de fazer as suas próprias escolhas até que façam uma escolha que os faça experimentar consequências negativas. E sempre que alguém que não seja o livre arbítrio do indivíduo em questão causar as referidas consequências negativas individuais, o livre arbítrio é novamente evitado.

"O que chamamos caos é apenas padrões que ainda não reconhecemos. Aquilo a que chamamos padrões aleatórios é apenas padrões não conseguimos decifrar. Aquilo a que não conseguimos compreender, chamamos disparate. Não há livre-arbítrio. Não há sem variáveis. Há apenas o inevitável. " (Palahniuk, 1999).

É minha opinião que o livre arbítrio é um conceito que não existe. Para construir sobre as afirmações acima citadas, não só não é livre de escolher ter livre arbítrio, existem outros aspectos da vida sobre os quais não temos qualquer controlo e sobre os quais também negamos a existência de tal coisa como o livre arbítrio. Não se pode escolher o facto de que se vai morrer, isto é inevitável, não se pode escolher os pais, e não se tem controlo sobre impedimentos ou deficiências físicas ou mentais. Se imaginar que logicamente toda a sua vida foi posta em marcha antes mesmo de ser suficientemente convincente para fazer uma escolha por si próprio. Não pode escolher o livre arbítrio, e a estrutura da sua vida é construída antes mesmo de poder formar memórias, chamam a isso livre arbítrio, eu chamo-lhe uma farsa.

Também acredito que existe uma vontade inata em todas as pessoas de ter sucesso e de encontrar validação nesse sucesso, provando que alguém é inferior. Um ramo da minha crença de que todos os indivíduos são de uma forma ou de outra pragmáticos; vejo a humanidade como um grupo que encontra uma satisfação mínima no simples sucesso, e uma satisfação máxima no sucesso que os eleva enquanto deflaciona os outros. Embora acredite que isto sempre esteve presente nos seres humanos, também acredito que nos últimos cem anos se tornou uma faceta muito mais aceitável da nossa cultura. Olhamos para tudo desde negócios, desporto, eleições políticas, testes académicos e competições. Já não basta ganhar, é preciso rebentar com alguém, ou humilhá-lo, para que a vitória seja totalmente absorvida. Percebo que a estrutura básica de todos os exemplos que citei sempre se baseou numa teoria de que uma pessoa ganha e as outras perdem, mas só recentemente se tornou uma necessidade celebrar a humilhação do perdedor em perda para apreciar a vitória no total.

Já vi este tipo de comportamento na minha vida; em situações em que se pode ser mais propenso a esperá-lo e em situações em que não se esperaria nada dele. Joguei futebol no liceu e os tipos com quem joguei, bem como os tipos contra os quais joguei, nunca foram felizes apenas com uma vitória. Costumava haver entre nós uma espécie de competição para obter o máximo de tinta de capacete dos adversários no seu, que vinha da entrega de pancadas de cabeça a cabeça. Depois, progredia para a quantidade de sangue do adversário que se podia obter na sua camisola, finalmente evoluir para a vitória era bom, mas só era doce se se magoasse o adversário ou o fizesse parecer completamente inepto. Testemunhei o mesmo tipo de coisas na minha equipa de debate da escola secundária e quando participei em taças académicas como aluno de graduação. Pensar-se-ia que em encontros que se concentram tanto no intelecto que não se via este tipo de comportamento, mas também neste cenário, a verdade é que apenas ganhar não era suficiente. Em ambas as situações, se ganhasse estava a fazer bem, mas era o melhor se fizesse os seus adversários parecerem estúpidos ou ineptos. A verdadeira vitória não veio apenas de derrotar o seu oponente, humilhá-lo na derrota foi a vitória respeitada.

Em relação a A Priori Assumptions no total, teria de dizer, independentemente da presença da crença Ellis; que sou muito parecido com Sigmund Freud. Não que eu tenha as mesmas Premissas de A Priori que Freud, por qualquer meio, a semelhança de que falo está presente na tonalidade global das mesmas. Também tenho uma opinião muito negativa sobre a humanidade e o seu potencial para mudanças futuras. É muito provável que nos perguntemos como poderia eu acreditar no que Ellis acredita, que não existe uma pessoa má, e ainda assim ter tantas crenças que reflectem a qualidade negativa dos seres humanos. No entanto, é ao responder a essa pergunta que posso resumir a minha supracitada crença de que não existem pessoas más. Acredito que todas as coisas que declaro nesta secção são verdadeiras sobre todos os seres humanos; a maioria das coisas que declaro de uma forma ou de outra podem ser vistas como qualidades negativas. Talvez essa seja a razão pela qual posso facilmente acreditar que não existe tal coisa como uma pessoa má. Se a maioria das coisas que acredito ser verdade são negativas, e acredito que essas coisas são representativas de toda a humanidade, então estou numa situação em que teria de acreditar que toda a humanidade é má pessoa ou que nenhuma delas o é. E continua a ser minha convicção que nenhuma delas é má; obviamente, pelos meus pressupostos podem ver que acredito concretamente que todos os seres humanos possuem qualidades e características negativas, mas não os vejo como maus; apenas pessoas que fazem coisas negativas.

No entanto, ao mesmo tempo, vejo os seres humanos como sendo estáticos. A história da natureza humana tem sido bem traçada e documentada há já milhares de anos. Um rápido olhar através de tudo o que sabemos sobre onde estivemos, onde estamos e para onde vamos revelará uma história de pragmatismo, elevação pessoal à custa dos outros, e uma relutância em aceitar os efeitos do livre arbítrio dos outros sobre a vida de um indivíduo. Embora eu não veja a humanidade como negativa, acredito que ela não possui a capacidade de mudar a forma como é. Facilitada pela incapacidade historicamente documentada de mudar é a crença de que o futuro da humanidade terá os seus altos e baixos; mas no total não será assim tão brilhante.

Porque é que as pessoas fazem o que fazem?

O factor mais substancial na identificação das causas das acções do ser humano é a morte. A grande maioria dos seres humanos torna-se profundamente consciente da inevitabilidade da sua mortalidade entre os cinco e os sete anos de idade. À medida que continuam a desenvolver-se, começam a alcançar uma compreensão mais firme da vida e, mais importante ainda, da morte.

"Astride of a grave and a difficult birth; down in the hole, lingeringly, the gravedigger puts on o fórceps.nascimento foi a sua morte" (Beckett, 1982).

A compreensão da morte rapidamente se aproveita como uma situação em que não há possibilidade de vencer. Certamente quando me refiro à impossibilidade de vitória, estou a referir-me em parte à advertência de que a morte é completamente inevitável; mas há mais do que isso. Há também a injustiça que ressoa do facto de que lhe restam duas opções; morrer e deixar para trás aqueles que ama; ou viver para ver morrer aqueles que ama. Os seres humanos não escaparam à sua infância quando se apercebem de que as regras ou limites da vida, se quiserem, são injustas. É com a dita injustiça que se chega a um acordo que desempenha um grande papel na determinação de comportamentos futuros dos indivíduos. Nas fases mais precoces da nossa mortalidade pessoal, a primeira coisa que percebemos é que as pessoas que mais amamos nessa altura da nossa vida, os nossos pais, irão muito provavelmente morrer antes de nós. À medida que avançamos para a idade adulta, começamos a perceber que muito provavelmente morreremos e deixaremos para trás as pessoas que mais amamos agora, os nossos filhos. Nesta altura, a psique humana é apresentada a um dilema duro e irreconciliável. A ideia de morrer e deixar os seus filhos para trás é horrível. Imaginar a tristeza que eles vão sentir é apenas uma peça do puzzle. As restantes peças manifestam-se na grande quantidade de medo e culpa que um indivíduo sente dentro de si sobre a possibilidade de os seus filhos poderem ser vitimizados ou sofrer uma crise após a sua partida mortal; sabendo que não haverá nada que eles possam fazer para ajudar. Agora, o uso da lógica básica sugere que se uma escolha é tão repreensível que a alternativa deve ser em parte e parcelar a melhor escolha; mas não nesta situação. A alternativa é manter-se vivo para ver os seus filhos morrer e qualquer pessoa que se tenha empenhado na paternidade rapidamente se apercebe que isso não é alternativa nenhuma. Este ponto é ainda ilustrado em *The Green Mile,* uma personagem que agiu imoralmente porque estava a fazer o seu trabalho é castigada com uma vida muito mais longa. Quando fala sobre o seu castigo, diz ele:

> "Oh, eu vivi para ver algumas coisas espantosas Elly. Outro século passou, mas eu, eu tive de ver os meus amigos e entes queridos morrerem ao longo dos anos. Hal e Melinda, Brutus Howell, a minha esposa, o meu filho. E tu, Elaine, também morrerás, e a minha maldição é saber que eu estarei lá para a ver. É o meu tormento que vedes; é o meu castigo, por deixar John Coffey montar o relâmpago... Estareis fora como todos os outros. Terei de ficar. Acabarei por morrer, disso tenho a certeza. Não tenho ilusões de imortalidade, mas aguardarei a vossa morte... muito antes que a morte me encontre. Na verdade, já o desejo" (King, 2000).

A importância que atribuo ao papel da morte como factor causal no comportamento das pessoas é semelhante à teoria da Inferioridade dos Órgãos proposta por Alfred Adler (1997). Adler acreditava que todos os indivíduos têm sentimentos de inferioridade. No início, propagou que a inferioridade dos órgãos era o resultado de doença infantil, deficiência, ou falta de tamanho; mais tarde, acrescentou questões sociais e emocionais como factores causadores de inferioridade; afirmando que essa inferioridade levava à compensação pelo indivíduo e, em alguns casos, à sobrecompensação. A minha teoria afirma o mesmo que todos nós temos sentimentos de inferioridade; contudo, é minha convicção que todos nós temos os mesmos sentimentos de inferioridade que resultam do conhecimento da nossa mortalidade, o que leva à compensação e, em alguns casos, à sobrecompensação. Há quatro níveis em que a morte inevitável afecta as acções e comportamentos dos seres humanos; o nível geral, o nível de espiritualidade, o nível de controlo, e o nível de consequências.

O Nível Geral:

Ao nível geral, vê os efeitos no comportamento humano manifestarem-se num de dois extremos; um, indivíduos que levam consigo uma filosofia de que a vida é curta ou que só se vive uma vez. Estes indivíduos são propensos a assumir riscos desnecessários e a nunca perder uma oportunidade de fazer algo; independentemente das potenciais consequências. A segunda categoria, ironicamente, também centra o comportamento em torno de uma compreensão da brevidade da vida. Estes indivíduos vivem as suas vidas com extrema cautela e medo, fazendo cálculos cuidadosos de quaisquer consequências possíveis antes de se envolverem numa acção. A sua crença centra-se mais num sistema de crença de que a vida é demasiado curta, porquê fazer algo estúpido ou mal planeado e arriscar-se a torná-la mais curta. A nível geral, os efeitos do conhecimento da própria mortalidade podem manifestar-se em ansiedade, depressão e retirada da sociedade; onde do lado oposto pode levar a comportamentos perigosos, vício de adrenalina e repressão das emoções.

Muito claramente os indivíduos que sentem que devem tirar tudo o que podem da vida porque a vida é demasiado curta estão a colocar-se numa posição muito perigosa. Estão a tornar-se susceptíveis de se envolverem em comportamentos que muito bem podem encurtar a sua vida. Este tipo de pensamento também pode levar as pessoas a não valorizar a qualidade das actividades e relações na sua vida, mas mais ainda a quantidade. Estes indivíduos são mais susceptíveis ao distanciamento de relações interpessoais e de expectativas irrealistas.

O Nível de Espiritualidade:

Este nível está a tornar-se cada vez mais difícil de definir à medida que o tempo passa. Antes de explicar completamente este conceito acredito que é melhor reflectir sobre o trabalho de Blaise Pascal. Pascal era um filósofo francês que compreendia uma tabela referida como "Aposta de Pascal". Pascal's Wager afirma simplesmente que a melhor opção para qualquer pessoa é acreditar em Deus. O seu raciocínio gira em torno de um princípio simples. Se acredita em Deus e ele existe, então recebe um ganho infinito. Se acredita em Deus e Ele não existe, não ganhou nada, mas também não perdeu nada. Por outro lado, se não acredita em Deus e Ele existe, enfrenta uma perda infinita, definida pelo inferno ou pelo purgatório, ou qualquer outra punição adequada por não acreditar num Deus que sempre existiu; e se Ele não existe, também não ganhou nem perdeu nada. Pascal viu que acreditar em Deus era a única escolha lógica porque é a única escolha que pode oferecer ganho e não oferece a oportunidade de perda (Connor, 2006).

Tendo em conta a Aposta de Pascal, devo reconhecer que todos os seres humanos se enquadram numa de três categorias. Crentes num poder superior, definido como pessoas que acreditam, de alguma forma, na existência de Deus. Ateístas, que são pessoas que acreditam que não existe Deus, e agnósticos, os indivíduos que ainda não têm a certeza se acreditam ou não num poder superior. Vivemos num mundo em que a maioria das pessoas acredita em Deus ou num poder superior. No entanto, acredito que a crença em Deus e na sua antítese fazem ambas as suas partes para afectar os comportamentos dos seres humanos. Onde Pascal estava certo ao dizer que se não houvesse Deus, que aqueles que acreditavam em Deus nada perderiam na morte, ainda acredito que há uma presença de medo nesse resultado na vida. Muitos indivíduos que acreditam em Deus sofrem de ansiedade e depressão durante toda a sua vida quando são atormentados por pensamentos e preocupações sobre a validade do seu sistema de crenças. Um indivíduo pode ter toda a fé no mundo e ainda não será completamente capaz de abafar a natureza inquisitiva da mente humana. Quando os indivíduos começam a perguntar-se se talvez acreditem em algo que não está lá, pode ter consequências destrutivas. Mesmo pensando durante curtos períodos de tempo que fizeram a escolha errada, os crentes são forçados a pelo menos teorizar a morte de numerosas ideias que lhes são caras. O medo de não se reunirem com a família, o medo de deixar de existir no total, e o desejo ardente de conhecer o propósito das provações e tribulações da vida se a vida não acabar em recompensa são alguns dos pensamentos que se tornam prevalecentes quando um crente simplesmente questiona a ideia de que pode estar errado. É fácil perceber por que razão estes tipos de pensamentos podem levar a consequências adversas como ansiedade e depressão que podem claramente ter um efeito sobre o comportamento. Aqueles que optam por não acreditar são também propensos ao mesmo tipo de pensamentos. Perguntam-se se fizeram a escolha errada e se se estão a condenar a si próprios ao fogo do inferno e à condenação. Imaginem a quantidade de angústia que pode ser causada por se perguntarem se estão a fazer a escolha errada; e sabendo que essa escolha errada pode causar-vos sofrimento eterno. Quando se trata do nível espiritual, todos os indivíduos são confrontados com o mesmo dilema. Ambos, de uma forma ou de outra, têm o seu comportamento afectado por preocupações sobre o que lhes irá ou não acontecer quando a sua vida terminar.

O Nível de Controlo:

O nível de controlo é onde os efeitos da mortalidade pessoal são mais susceptíveis de causar comportamentos desviantes e ilícitos aos indivíduos. Em muitos casos, os indivíduos recorrerão a medidas drásticas apenas para atingir a alusão de controlo na sua vida. Muitos agorafóbicos e obsessivos compulsivos têm ansiedade e compulsões que se centram em torno de ameaças à sua mortalidade. Estas pessoas podem tornar-se presas em casa ou escravas de uma rotina de acções repetitivas porque sabem que acima de todos os custos devem tentar controlar o seu destino e proteger a sua mortalidade. O medo da morte é uma presença tão incontrolável e esmagadora para alguns que mudarão tudo nas suas vidas e comportar-se-ão de formas que a sociedade considera inaceitáveis, simplesmente porque têm de encontrar uma forma de se sentirem no controlo da sua própria mortalidade.

Além disso, por mais irracional que pareça, muitos indivíduos que são afectados ao extremo pelo seu medo da morte são propensos a envolverem-se em comportamentos suicidas. Seria fácil ponderar por que razão alguém que tem tanto medo de que a sua vida acabe, acabaria alguma vez com ela da sua própria escolha. A resposta, neste caso, ressoa de volta ao controlo. As pessoas nesta situação específica assumem o controlo total da sua própria mortalidade, exercendo o poder de acabar com ela elas próprias. Obviamente que esta não é a resposta normal a um medo de morte, mas ainda assim é uma resposta. Quando um indivíduo fica tão drenado emocionalmente das medidas que toma diariamente para guardar a sua mortalidade, em alguns casos, tira a sua própria vida para acabar com a luta e para ser ele a controlar porquê, como, e quando a sua vida acaba (Singer, 1994).

O Nível de Consequência:

"You can't eat the orange and throw the peel away. A man is not a piece of fruit." (Miller,

1998).

Este nível está altamente correlacionado com a teoria do desenvolvimento, integridade vs. desespero de Erik Erikson. Erikson teorizava que quando as pessoas estavam prestes a morrer ou sabiam que a sua vida estava a chegar ao fim, que olhariam para trás e se encheriam de sentimentos de integridade ou desespero (Erikson, 1994). A crença na minha teoria é que a morte, mais ainda o conhecimento da morte é um atributo inegável ao comportamento humano ao longo da vida;

acredito que os indivíduos podem experimentar integridade vs. desespero em qualquer momento da vida. Quando um indivíduo começa a ruminar sobre o facto de que vai morrer, muito provavelmente olhará para as coisas que fez na sua vida; se ao examinar estes acontecimentos da vida, começar a desesperar por coisas que fez e não fez, então isto também pode influenciar o comportamento. Os indivíduos podem começar a tentar corrigir coisas sobre as quais se sentem culpados no passado; se este conceito no seu todo não for negativo, se as áreas que sentem necessidade de corrigir permanecerem inalcançáveis e puderem levar a consequências negativas para o indivíduo. Estas consequências podem rapidamente causar pensamentos negativos e tornar o indivíduo vulnerável a sentimentos de inutilidade e depressão (Kastenbaum & Ainsberg, 1972).

Elizabeth Kubler-Ross ilustremente sugeriu um conjunto de etapas sobre a morte e a morte. Kubler-Ross teorizou que quando um indivíduo aprende ou percebe que vai morrer num futuro próximo que viaja através de um conjunto de etapas; negação, raiva, depressão, barganha, e aceitação (Kubler-Ross, 1969). Apesar de concordar totalmente com a validade das teorias que Kubler-Ross apresenta, não concordo que elas só estejam presentes no momento em que nos damos conta de que o fim da nossa vida está próximo. Acredito, no centro da minha teoria que estamos cheios de inferioridade e que de uma forma ou de outra temos o nosso comportamento afectado pela nossa mortalidade, que estas fases da morte e da morte são vividas ao longo de toda a vida. Muitos indivíduos sentem-se zangados, deprimidos, e tentam regatear a sua mortalidade muito antes de saberem que a sua morte é eminente. Estes conjuntos de sentimentos sobre a morte podem ocorrer inúmeras vezes ao longo de toda a vida de uma pessoa. Muitas vezes os indivíduos podem chegar a aceitar ou aceitar o facto de que têm de morrer, apenas para começar as fases da morte e morrer de novo mais tarde na sua vida.

Em relação à experiência pessoal, imagino que seria uma ilustração perfeita da advertência que teoriza o que sabe. Há uma longa história de distúrbios de ansiedade na minha família. Muitos membros da minha família, incluindo eu próprio, têm problemas de ansiedade que se concentram no medo da doença e da morte. Eu também sou pai de duas filhas. Muitas vezes antes, e especialmente desde que tive os meus filhos, tenho feito rumores sobre a minha própria mortalidade. Já experimentei raiva, depressão, tentei regatear, e aceitação vezes sem conta na minha mente, ao mesmo tempo que tentava aceitar o facto de que um dia iria morrer. A minha filha de cinco anos tem experimentado ansiedade e depressão desde que aprendeu na escola que os pais podem morrer e que, eventualmente, ela também morrerá. Ela pergunta-me frequentemente com lágrimas nos olhos para não morrer antes dela e diz-me o quanto nunca quer morrer. Muito simplesmente sinto que a vida é um negócio em bruto e não gosto das regras. Ou se vive o tempo suficiente para ver morrer quem se ama ou se morre e se deixa para trás quem se ama. Se um indivíduo tivesse verdadeiramente livre arbítrio, escolheria alguma alternativa a este conceito.

Sou cristão, acredito em Deus, mas nos tempos em que a minha mente demasiado inquisitiva me permite apenas especular sobre a possibilidade de eu estar errado, é aterrador. Imaginar que tudo aquilo que acreditamos estar à nossa espera como recompensa pelo que suportamos nesta vida está ausente é de partir o coração e faz a vida parecer como se não tivesse qualquer propósito. Também já falei com ateus que sentiram que talvez devessem "aderir" ao conceito de Deus apenas como uma rede de segurança, para o caso de o inferno em que não acreditam realmente existir.

Quase todas as pessoas que conheci na minha vida têm sido um dos dois tipos de pessoas que descrevi. Os temerosos e cautelosos da morte e aqueles que precisam de fazer o máximo que podem porque sabem que a vida é curta. Em *Veronika Decide Morrer,* Paulo Coelho (2000) tece uma intricada história de uma jovem mulher que está tão cansada de não ter controlo sobre a sua própria ansiedade e depressão que tenta o suicídio. Quando acorda, está muito satisfeita por ter sobrevivido apenas para descobrir, devido aos danos causados ao seu corpo pela tentativa de que tem um tempo precioso para viver. Através de grupos familiares e de apoio conheci numerosas pessoas que se tornaram suicidas devido ao medo da morte; vendo o fim da sua própria vida como a única forma de ter controlo sobre o medo que experimentam diariamente.

Muitos argumentariam que esta facção da minha teoria é tendenciosa porque tem em conta apenas as minhas experiências e as experiências daqueles que conheci pessoalmente. No entanto, vi todos estes conceitos em detalhe muitas vezes em indivíduos com e sem distúrbios de ansiedade. A minha convicção é que a morte nos afecta a todos de forma circular ao longo da vida, porque há algo que não podemos lidar com o deixar para trás ou ter de largar. Pode ser um membro da família, um amigo, um trabalho, uma actividade, responsabilidade, ou qualquer coisa que lhe traga alegria e o ajude a definir-se como uma pessoa. Eu diria, muito concretamente, que seria muito difícil encontrar alguém que não tenha contemplado a sua mortalidade em relação a nenhum dos conceitos acima mencionados e que tenha experimentado a maior parte ou todas as fases da morte e que tenha morrido mais de uma vez durante a sua vida.

O segundo factor que sinto causar o comportamento das pessoas é a dissonância cognitiva. A dissonância cognitiva é o sentimento desagradável associado à incongruência entre as suas atitudes ou crenças e o seu comportamento. A crença central é que os indivíduos têm um impulso motivacional que quer reduzir a dissonância, fazendo com que as crenças e atitudes ou comportamentos mudem ou levem o indivíduo a racionalizar as suas atitudes, crenças, ou comportamentos. A dissonância cognitiva acontece geralmente quando um indivíduo experimenta uma inconsistência lógica entre os seus conhecimentos; ilustrada pelo facto de os seus pensamentos serem o oposto do seu comportamento ou vice-versa. Quando um indivíduo reconhece essa incongruência, pode causar culpa, vergonha, ansiedade, stress, raiva, embaraço, e outros sintomas negativos; resultando num estado geral de desarmonia (Festinger, 1957).

Ao compreender verdadeiramente a dissonância cognitiva, pode-se facilmente ver como isto tem um enorme efeito no comportamento humano. Num mundo perfeito, seria tão simples como uma incongruência entre pensamentos e comportamentos que levaria ou ao comportamento ou à mudança dos pensamentos; e onde for esse o caso em parte do tempo, em muitos outros casos pode levar à racionalização. Os indivíduos racionalizarão os seus pensamentos ou comportamentos incongruentes, a fim de resolver ou evitar a desarmonia que poderiam experimentar. Esta justificação continua a ser uma ajuda de banda sobre a incongruência que ainda existe no indivíduo, que acabará por sair e conduzir a um maior estado de desarmonia e efeitos negativos.

Uso a dissonância cognitiva na minha vida e o mesmo tem acontecido com todos os que já conheci. Todos nós estamos de alguma forma envolvidos em algum tipo de comportamento que é incongruente quer com os nossos pensamentos quer com os nossos comportamentos. Muitas pessoas que eu conheço têm excesso de peso, fumam, bebem muito, e usam drogas recreativas. Todos estes indivíduos têm um claro entendimento de que fazer estas coisas terá consequências negativas, por isso racionalizam-nas para evitar a produção de dissonância cognitiva. Tomemos o meu irmão como exemplo. Ele tem 43 anos de idade e pesa mais de 500 libras e já pesou na última década. Está a tomar múltiplos medicamentos para a sua tensão arterial, diabetes e colesterol. Está em constante dor e tem de ir à maioria dos lugares de cadeira de rodas, uma vez que andar é demasiado doloroso. Tentei falar com ele sobre o seu peso e possivelmente ficar mais saudável um milhão de vezes, e ele confia sempre na mesma lógica. Afirma que a sua saúde está tão distante que sabe que vai morrer jovem de qualquer forma e que teme sofrer e desistir das coisas que ama (comida, cigarros, etc.) apenas para morrer saudável. O meu irmão está claramente a racionalizar o seu comportamento para evitar dissonâncias cognitivas. Ele sabe que os seus hábitos alimentares e de estilo de vida não são saudáveis e estão a causar a sua saúde em constante declínio; mas continua a fazê-lo racionalizando o seu comportamento ao dizer que a sua saúde está demasiado distante de qualquer forma, porquê parar agora.

O terceiro factor que vejo ter um efeito importante na razão porque as pessoas fazem o que fazem é a culpa. Viktor Frankl fala de dois tipos de culpa; culpa que se sente por desapontar, desapontar ou trair outra pessoa; e culpa existencial, a culpa que se sente por desapontar, desapontar ou trair-se a si próprio (Pattakos & Covey, 2008). William Emener ilustra melhor estes dois tipos de culpa em termos da sua interacção com a sua teoria da "Culpa 22" (Emener, 2009). Quando um indivíduo experimenta a culpa 22, encontra-se numa situação em que se sente preso entre fazer duas escolhas, uma que lhe causará culpa e outra que lhe causará a culpa existencial (Emener, 2009). Claramente muitos indivíduos mudarão o seu comportamento e envolver-se-ão em acções e comportamentos que prefeririam não praticar de modo a não se sentirem culpados. Contudo, a maior parte do tempo, quando agem de forma a evitar a culpa, causam a si próprios a culpa existencial. Sentir-se culpado pelo seu comportamento pode causar sentimentos negativos para consigo próprio e depressão. Onde ao mesmo tempo a culpa existencial pode causar depressão, sentimentos negativos, e ressentimento da pessoa que sente está a forçá-la, através da culpa, a envolver-se num determinado comportamento.

Eu conheço a culpa. Há um velho ditado dentro da minha família que diz que todos nós somos mestres da culpa. Todos nós agimos constantemente para não nos sentirmos culpados pela forma como temos tratado outras pessoas. Apesar de, ao fazê-lo, nos fazermos sentir culpados existenciais. Estamos zangados porque estamos a perder o nosso tempo para ajudar a outra pessoa, e ficamos ressentidos por esperar que o façamos. Este tipo de comportamento não se limita à minha família; ou não estaria presente neste documento. Se pensarmos nisso, quase todos neste mundo fazem coisas que não querem fazer, só para que não tenham de se sentir culpados por não as fazerem. E um grande número dessas pessoas tem sentimentos negativos em relação a si próprias, porque estão a fazer o que não querem fazer. Como mencionei anteriormente, há uma longa história de distúrbios de ansiedade na minha família. A minha avó era agorafóbica e teve ataques de pânico. Desde criança que eu era a sua pessoa de apoio, era a quem ela chorava, e eu era de quem ela dependia para estar presente para cuidar dela. Quando eu estava na minha adolescência saltava actividades extracurriculares na escola e passeios com amigos para estar com ela, para que ela não tivesse de estar sozinha, o que ela odiava. Mas, ao fazê-lo, comecei a ressentir-me a mim próprio e a ela pelo facto de estar a perder a oportunidade de fazer algo que eu queria fazer só para poder fazer algo que não queria fazer. À medida que me tornei adulto, os seus gritos de atenção tornaram-se mais extremos. Ela chamaria queixa de ser abusada, violada, ter doenças que ameaçam a vida, e ser retida contra a sua vontade; todas estas queixas foram provadas como sendo completamente fictícias. Independentemente disso, quando ela telefonava, eu ia e estava com ela, as histórias eram simplesmente a sua maneira de me levar lá porque ela não queria estar sozinha. Uma noite, há cerca de três anos, ela telefonou, estava a contar outra das suas histórias estranhas, eu tinha acabado de começar a pós-graduação, era um pai solteiro de dois na altura, estava cansado, e não fui. Na manhã seguinte, recebi uma chamada a dizer que ela tinha tido uma overdose de medicamentos anti-ansiedade e que estava em coma, uma doença da qual nunca acordou. Agora posso usar a parte racional do meu cérebro todo o dia e ver que toda a minha vida ela foi a vítima, ela foi a mais rápida do mundo a culpá-la para lhe dar atenção, e ela era o rapazinho que chorava lobo. Logicamente sei disso, mas emocionalmente a culpa ainda está lá e muito provavelmente sempre estará.

Um quarto factor é uma extensão da Teoria de Desenvolvimento Moral de Lawrence Kohlberg. Kohlberg teorizou que houve seis fases de desenvolvimento moral ao longo da vida.

Curiosamente, enquanto Kohlberg afirmou concretamente que todos os indivíduos começam na primeira fase, não oferece alusões a uma garantia de que os indivíduos alguma vez atingirão os níveis mais elevados de cinco ou seis. Em termos leigos, as fases de Kohlberg são as seguintes: Fase um: o que é moralmente correcto é o que me ajuda a satisfazer as minhas necessidades básicas de sobrevivência, mais frequentemente ilustradas pela infância. Etapa dois: o que é moralmente correcto é qualquer comportamento que me impeça de ser punido ou repreendido, mais comummente ilustrado pela idade de dois a onze anos. Etapa três: o que é moralmente correcto é o que quer que esteja a ser feito pelos meus pares e grupo social, mais comummente ilustrado por pré-adolescentes e adolescentes. Etapa quatro: o que é moralmente correcto é o que quer que se constitua como comportamento legal e socialmente aceitável. Etapa cinco: o indivíduo percebe que as coisas nem sempre são a preto e branco, que alguma variação entre o que é aceitável e o que não é aceitável pode ser equilibrada para formar o comportamento mais ético e moral. Etapa seis: esta é uma etapa que Kohlberg acreditava que muito poucas pessoas alguma vez atingiram. Indivíduos como Gandhi e Martin Luther King Jr. são citados como indivíduos que atingiram a fase seis (Kohlberg, 1984). Os indivíduos da fase seis operam com base no princípio do respeito universal por todas as pessoas e princípios. Estes indivíduos recusam-se a comportar-se de uma forma que não podem justificar ou resolver dentro das suas próprias crenças morais ou éticas; independentemente de isso os levar ou não a infringir a lei ou a comportar-se de uma forma que seria considerada inadequada pela sociedade. A fase seis de Kohlberg recusa-se a fazer algo ou desistir de algo que por vezes desejam fazer ou anseiam simplesmente porque é um comportamento em que, se se empenhassem, não seriam capazes de resolver as suas acções com o seu sistema de crenças pessoais (Fasko & Willis, 2008).

Embora eu acredite firmemente nas fases de desenvolvimento moral de Lawrence Kohlberg; vejo-as também como um factor que contribui para as formas como as pessoas se comportam. Acredito que os indivíduos que não foram capazes de atingir uma fase cinco ou seis do desenvolvimento moral de Kohlberg sentem culpa e remorso acerca do seu estatuto pessoal. Acredito que quando estes indivíduos são expostos a outros que atingiram uma fase cinco ou seis do desenvolvimento moral, os seus sentimentos de culpa, remorso e raiva intensificam-se; transbordando e influenciando o comportamento. Há muitos indivíduos neste mundo que agem de uma forma que sabem ser imoral ou antiética; muitos deles desejam poder mudar o seu comportamento, mas por alguma razão sentem-se impotentes para o fazer. Estes indivíduos têm mais probabilidades de ter o seu comportamento influenciado pela sua opinião negativa sobre o seu desenvolvimento moral pessoal. O facto de se verem a si próprios como não tão evoluídos moralmente como poderiam ser, faz com que se sintam inferiores e compensem fazendo declarações que aliviam os seus sentimentos de inferioridade.

No lado oposto da moeda, não acredito que as pessoas que ainda não atingiram a fase cinco ou seis sejam os únicos indivíduos que experimentam ramificações de comportamento desde o seu estágio de desenvolvimento moral. Os indivíduos que atingiram as fases superiores negam frequentemente os seus impulsos e desejos internos de se envolverem em algum tipo de comportamento. Quando são expostos a indivíduos em níveis inferiores de desenvolvimento moral que são capazes de se envolver nos comportamentos em que não se deixam envolver, que também são capazes de usar mecanismos de defesa e outros métodos para justificar o seu comportamento, também se tornam invejosos e arrependidos (Munsey, 1980). Muito simplesmente, os indivíduos que ainda não atingiram a fase cinco ou seis são invejosos de pessoas que se desiludiram e se desiludiram com o seu próprio desenvolvimento moral, mudando assim o seu comportamento. Enquanto que os indivíduos que atingiram a fase cinco ou seis estão arrependidos das coisas que não podem fazer porque não conseguem resolvê-las dentro das suas crenças morais e têm inveja daqueles que se dedicam a esses comportamentos sem efeitos adversos.

As minhas experiências pessoais levaram-me a incluir a teoria do desenvolvimento moral de Kohlberg como uma das minhas razões para as pessoas fazerem o que fazem. Pessoalmente, considero-me um Kohlberg fase seis. Centra-se no meu vegetarianismo a minha crença de que cheguei a esta fase. Agora há milhões de vegetarianos no mundo e nem todos atingiram a fase seis de Kohlberg, a forma como dizemos a diferença é examinar as razões pelas quais as pessoas fizeram a escolha. Algumas pessoas tornam-se vegetarianas porque o seu médico lhes diz que precisam de fazer algo quanto à sua saúde rapidamente, outras tornam-se vegetarianas porque simplesmente não gostam do sabor da carne, nenhuma destas razões é indicativa de qualquer tipo de desenvolvimento moral. Eu por outro lado e muitos como eu deixámos de comer carne porque não podemos justificar a barbárie e a tortura que os animais sofrem dentro da nossa moral e ética. Eu adoro carne. Anseio por carne. Sempre que alguém come um cheeseburger realmente gorduroso, ou faz um rolo de carne, ou cozinha algum bacon, eu anseio por carne como se não houvesse amanhã. Mas nego essa ânsia, por mais extrema que seja, porque sei que se cedesse aos meus desejos, estaria a fazer algo que não conseguiria resolver no meu sistema de crenças. Porque por muito bom que o encontro cheire, por muito bom que eu saiba que sabe, o facto permanece "Todos os argumentos para provar a superioridade do homem não podem quebrar este duro facto: no sofrimento os animais são nossos iguais" (Singer, 1995). Além disso, em momentos de extrema ânsia desejo que eu fosse um nível inferior de desenvolvimento moral; tenho inveja daqueles que conseguem encontrar formas de justificar o envolvimento num comportamento que sabem ser moralmente e eticamente errado. Como vegetariano convicto, estou sempre à procura de uma caixa de sabão para mudar a forma de pensar das pessoas. Falei longamente com a minha mulher e os meus amigos sobre este assunto, mostrei-lhes vídeos, e expliquei-lhes todas as razões pelas quais o tratamento dos animais é simplesmente errado. E a sua resposta é sempre a mesma, remorso e tristeza por não conseguirem elevar o seu nível de desenvolvimento moral a um estado em que seriam capazes de fazer a mesma escolha. Isto é rapidamente seguido pela raiva e a apresentação de justificações em que dizem coisas como "bem, só eu mudar não vai mudar nada", "a carne era suficientemente boa para Jesus, é suficientemente boa para mim", e "é como as coisas sempre foram, nada vai mudar".

A última razão pela qual eu acredito que influencia as pessoas a fazer o que fazem é a experiência passada. Talvez não haja maior preditor do futuro do que o passado. Sigmund Freud salientou fortemente os efeitos do passado sobre o presente e o futuro (Freud, 2002). Onde acredito que Freud tem razão nas suas suposições de que o passado e o futuro estão relacionados; discordo que o futuro do indivíduo seja controlado por elementos inconscientes do seu passado. É minha opinião que a influência do passado toma forma na forma como os indivíduos consideram as experiências passadas como uma forma de avaliar as escolhas comportamentais actuais e futuras. Não acredito que os seres humanos estejam condicionados pelo seu passado; acredito que aprenderam com ele. Alguns podem argumentar que aprender com as experiências passadas é a mesma coisa que condicionar, mas eu discordo. Se um indivíduo fez algo no seu passado repetidamente e experimentou sempre um resultado negativo por causa disso; ainda não há garantia de que não voltará a envolver-se no comportamento. Por vezes os indivíduos avaliarão a experiência passada e tomarão uma decisão que coincide com ela; como dizer que farão coisas que tiveram bons resultados no passado e evitarão as coisas que tiveram resultados negativos no passado. Mas não há garantias de que o farão. Em muitos casos, as pessoas tomam uma decisão que vai directamente contra tudo o que sabem da sua experiência pessoal com uma situação, porque sentem que talvez as coisas possam ser diferentes desta vez. Sim, acredito que o passado tem muito a ver com o comportamento individual; apenas não penso que os efeitos do passado tenham sido gravados na pedra; pelo contrário, são apenas mais um instrumento de avaliação no pensamento humano quando confrontado com uma decisão.

Posso encontrar alicerces para esta crença na minha experiência pessoal. Aprendi com o meu passado, mas de forma alguma controla o meu futuro. Tenho feito muitas coisas na minha vida que me causaram consequências negativas. Quando me deparei novamente com essas mesmas situações, por vezes aprendi com o passado e usei essas experiências para não fazer as mesmas escolhas. Embora, noutros casos, tenha ignorado o passado, todas as consequências negativas, e localizado algures dentro de mim o raciocínio para justificar fazer aquilo que eu sabia ser uma má escolha.

Como é que as pessoas se metem em sarilhos?

É minha convicção que crenças irracionais, lógica errónea, conclusões ilógicas, pensamento ilógico e resistência à mudança destes padrões são as principais razões pelas quais as pessoas se metem em problemas. Quando falei longamente sobre as razões pelas quais as pessoas fazem o que fazem, estava a descrever coisas que estão directamente relacionadas com pensamentos e crenças irracionais. Quando as pessoas se concentram na sua mortalidade, olham para o futuro e concentram-se em pensamentos irracionais. Sim, todos morreremos, mas catastrofizar as circunstâncias e as ramificações de uma forma que cause angústia mental é ilógico e irracional. O mesmo se diz com culpa, estamos apenas a transmitir crenças irracionais sobre o que devemos ser para nós próprios e o que devemos ser para os outros em muitos casos, e estas crenças irracionais que estão novamente a contribuir para a disfunção. Falei também de dissonância cognitiva; pela sua própria definição faz-nos mudar o nosso comportamento ou mudar o nosso pensamento. Quando o comportamento é um comportamento que não estamos dispostos a mudar, mudamos o processo de pensamento ou crença. Mudar este padrão de pensamento para corresponder ao comportamento implica geralmente transformar os pensamentos em pensamentos ilógicos que suportam uma crença ilógica, para que possamos continuar a envolver-nos num comportamento desejado.

No que diz respeito à mudança, muitas pessoas têm dificuldade em mudar porque sentem que o que estão a fazer é tudo o que sabem fazer. Estão relutantes em mudar comportamentos e padrões de pensamento e crenças, mesmo depois de perceberem que já não são benéficos, porque têm medo de mudar. Johnson (2002) fala sobre a incapacidade de mudar no seu trabalho *Who Moved My Cheese*. Duas das personagens da história vivem numa estação onde todos os dias há queijo para eles comerem. Até um dia, não há queijo. Recusam-se a sair e procuram novos queijos porque continuam à espera de queijo para serem devolvidos. Após um longo período de tempo, uma das duas personagens quer sair e encontrar queijo novo, mas a outra não. A personagem que se recusa a sair diz "Ficarei aqui até que eles ponham o queijo de volta" (Johnson, 2002). Ao que a personagem que sai responde: "Nunca poderão devolver o queijo de ontem" (Johnson, 2002). Não acredito que alguma vez tenha ouvido um argumento melhor contra a resistência à mudança. Sim, as coisas podem mudar amanhã e as vossas crenças e pensamentos defeituosos podem ser bem sucedidos. Mas, nunca vai recuperar tudo o que perdeu nos dias anteriores, porque sabia que precisava de mudar e recusou.

Albert Ellis teorizou que as pessoas se metem em sarilhos por terem uma ou mais das 11 crenças irracionais seguintes.

1. É uma necessidade extrema que os humanos adultos sejam amados ou aprovados por praticamente todas as outras pessoas significativas na sua comunidade.

2. Deve-se ser absolutamente competente, adequado e conseguir em todos os aspectos importantes ou então é-se uma pessoa inadequada e sem valor.

3. As pessoas devem absolutamente agir de forma ponderada e justa e são vilões condenáveis se não o fizerem. Eles são os seus maus actos.

4. É horrível e terrível quando as coisas não são como se gostaria muito que fossem.

5. A perturbação emocional é causada principalmente externamente e as pessoas têm pouca ou nenhuma capacidade de aumentar ou diminuir os seus sentimentos e comportamentos disfuncionais.

6. Se algo é ou pode ser perigoso ou temível, então deve-se estar constante e excessivamente preocupado com isso e continuar a insistir na possibilidade da sua ocorrência.

7. Não se pode e não se deve enfrentar as responsabilidades e dificuldades da vida e é mais fácil evitá-las.

8. Deve-se estar bastante dependente dos outros e precisar deles e não se pode gerir principalmente a própria vida.

9. A história passada de uma pessoa é um factor determinante do seu comportamento actual e porque algo que uma vez afectou fortemente a sua vida, deverá ter um efeito semelhante indefinidamente.

10. Os distúrbios de outras pessoas são horríveis e é preciso sentir-se aborrecido com eles.

11. Existe invariavelmente uma solução correcta, precisa e perfeita para os problemas humanos e é terrível se esta solução perfeita não for encontrada (Ellis, 1985).

Olho para essa lista e penso em mim e em todas as pessoas que conheci a nível pessoal e íntimo ao longo da minha vida. Posso dizer honestamente que não conheço ninguém, incluindo eu próprio, que não tenha experimentado a maioria destas crenças irracionais. Penso que por vezes é necessária muita introspecção para nos apercebermos de que temos estas crenças e acredito que é preciso ainda mais diligência para deixar de confiar nelas. Posso compreender porque é que por vezes estas são coisas difíceis de deixar de acreditar; ao mesmo tempo, percebo que muitas pessoas estariam melhor ajustadas e mentalmente saudáveis se simplesmente parassem (Ellis, 1985).

Aaron Beck também apresentou uma lista de conclusões ou crenças ilógicas que são centrais para pessoas com experiências negativas na saúde mental.

1. Catastrofização ou Minimização - pesar um evento como demasiado importante, ou não o pesar o suficiente.

2. Pensamento dicotómico - cometer o falso erro de dicotomia - enquadrar um fenómeno como um ou outro/ou quando existem outras opções.

3. Raciocínio Emocional - Sentimento de que o seu efeito negativo reflecte necessariamente a forma como uma situação é realmente

4. Fortune Telling - Antecipação de eventos vai acabar mal

5. Rotulagem - Isto ocorre quando inferimos o carácter de uma pessoa a partir de um comportamento, ou a partir de um conjunto limitado de comportamentos.

6. Filtro Mental - Todos temos filtros mentais, mas esta distorção refere-se a situações específicas em que ignoramos os aspectos positivos ou negativos de uma questão.

7. Mind Reading - Acreditando que podemos saber o que uma pessoa pensa apenas a partir dos seus comportamentos.

8. Excesso de generalização - Um evento é considerado como prova de uma série ou padrão de eventos

9. Personalização - Assumindo que uma pessoa está em falta por algum evento externo negativo.

10. Declarações Should Statements - Declarações que começam com "Shoulds" ou "Musts" são muitas vezes punindo as exigências que fazemos a nós próprios (Beck, 1979).

Muito semelhante ao que Ellis expôs nas suas crenças irracionais, não me parece que nenhum destes pensamentos ilógicos seja surpreendente. Já pensei assim, conheço pessoas que já pensaram assim. Acredito que, até certo ponto, as pessoas se sentem confortáveis quando se envolvem nestes padrões ilógicos de pensamento. O que elas não se apercebem é que o conforto que sentem está apenas na superfície. Por baixo da superfície estão a construir padrões ilógicos que um dia se desmoronarão; e quando o fazem, o indivíduo sentirá efeitos negativos na saúde mental (Beck, 1979).

Outra forma de os indivíduos se meterem em problemas é definindo-se a si próprios pela sua doença mental. Szasz (1974) faz uma observação muito válida sobre a forma como as pessoas começam a definir-se a si próprias pela sua doença mental quando diz

> "Quando se está constipado, diz-se que estou constipado. Quando tem gripe, diz que eu tenho gripe, quando tem cancro, diz que eu tenho cancro. Quando tem esquizofrenia, diz que sou esquizofrénico, quando tem Bipolar, diz que sou Bipolar. Quando se tem transtorno obsessivo-compulsivo, diz-se que eu sou TOC. Quando tem gripe, diz que não sou gripe" (Szasz, 1974).

Muito do que Szasz diz é muito verdadeiro; as pessoas tendem a definir-se pelas suas doenças mentais, algo que não têm a tendência de fazer com as doenças físicas. Szasz prosseguiu dizendo que a doença mental é um mito, algo com que discordo firmemente, mas não posso deixar de ver o seu ponto de vista sobre os indivíduos com problemas de saúde mental que tendem a definir-se pela sua doença. Isto faz com que as pessoas se metam em problemas nos dias de hoje, porque praticamente qualquer pessoa tem uma doença mental. Algumas pessoas são legitimamente diagnosticadas; mas outras são diagnosticadas em linha ou por si próprias. OCD, TDAH, TDAH, e Bipolar são doenças de botão quente neste momento. Estou constantemente a ouvir pessoas a afirmar que têm estas doenças. Mas a razão pela qual fazem as alegações é o que é distintivo; usam o seu distúrbio mental como desculpa para o comportamento. Desculpem, eu....insisto na desordem, nem me lembro quantas vezes já ouvi essa frase exacta. As pessoas definem a si próprias pela sua doença mental porque sabem que a doença mental o limita de alguma forma. Ao invocar o problema mental, podem baixar a sua responsabilidade e expectativas esperadas, podem escapar a fazer coisas que sabem estar erradas porque têm a muleta da sua doença mental para justificar o seu comportamento e ajudá-los a evitar castigos (Szasz, 1974).

"O mal é saber melhor mas fazer pior" (Zimbardo, 2007).

Finalmente, no que diz respeito às formas como as pessoas se metem em apuros, sinto que o efeito Lúcifer precisa de ser considerado. Philip Zimbardo (2007) propõe o efeito Lúcifer como uma forma de compreender como as pessoas boas fazem coisas más ou más. Com base na pesquisa que realizou durante a experiência da prisão de Stanford e numerosos outros estudos, Zimbardo pretende identificar "O que faz as pessoas errar sem recorrer ao tradicional dualismo religioso do bem vs. mal, de natureza saudável vs. natureza corruptora" (Zimbardo, 2007). Afirmando que para compreender verdadeiramente como as pessoas fazem coisas más "é preciso olhar para pessoas reais envolvidas nas tarefas diárias da vida, enredadas no seu trabalho, sobrevivendo dentro de um cadinho frequentemente turbulento de natureza humana" (Zimbardo, 2007). Zimbardo continua a definir as coisas más ou más como "comportando-se internamente de forma a prejudicar, abusar, humilhar, desumanizar ou ferir outros inocentes ou usando a autoridade e o poder sistemático de alguém para encorajar ou permitir que outros o façam em seu nome" (Zimbardo, 2007). Continuando, ele afirma que as pessoas escondem-se frequentemente atrás de um preconceito egocêntrico que produz uma falsa sensação de ser especial. Isto leva as pessoas a acreditarem que estão acima dos actos errados e que são moralmente superiores àqueles que cometem crimes e fazem coisas más. É neste sentimento de superioridade que as pessoas começam realmente a fazer as coisas más que se sentem superiores por não fazerem. Mesmo quando os indivíduos reconhecem que estão a fazer coisas más, são capazes de continuar a subscrever a lógica binária do bem ou do mal; e uma vez que são capazes de ver formas de serem bons, continuam a definir-se como boas pessoas e a manter os seus sentimentos de serem especiais e melhores. Zimbardo acredita, e eu concordo com ele, que todas as pessoas são capazes de fazer o bem e o mal. No entanto, existe uma ligação directa entre ser capaz de justificar o seu comportamento como necessário enquanto olha para aqueles que fazem as mesmas coisas e ser capaz de fazer verdadeiramente coisas más sem experimentar uma dissonância cognitiva.

Como se ajuda as pessoas?

A melhor forma de sentir que posso ajudar as pessoas é ajudando-as a mudar. É minha convicção que a maioria dos problemas na vida de cada indivíduo estão associados à manutenção de crenças irracionais, ao uso de lógica defeituosa, ao pensamento falho, e a uma resistência geral à mudança na maioria das situações. Uma vez que a minha teoria se centra em formas em que podemos educar os nossos clientes e metodologia que lhes podemos transmitir para facilitar a mudança dos seus pensamentos e crenças e para os tornar mais abertos e dispostos a aceitar o facto de que em algumas situações devem mudar; nomeei a minha teoria de aconselhamento Teoria da Mudança. Permitam-me delinear as formas que sinto que a Teoria da Mudança pode ajudar as pessoas.

A única verdadeira viagem de descoberta consiste não em procurar novas paisagens, mas em ter novos olhos (Proust, 2003).

A primeira parte da minha teoria baseia-se na Terapia Racional do Comportamento Emotivo de Albert Ellis. Num modelo REBT, a crença não é que são os acontecimentos na vida de um indivíduo que lhe causam problemas; é antes o sistema de crenças do indivíduo que leva à raiva, ansiedade e depressão. Ellis começa com um princípio muito básico; uma crença de que a maioria das pessoas quer ser feliz. Independentemente de estarem sozinhos ou na companhia de outros, todos nós temos o desejo de ser felizes. Ellis continua que todos nós queremos dar-nos bem com os outros e ter alguns amigos próximos e que queremos uma boa educação, emprego e nível de rendimentos. No entanto, a vida raramente, se é que alguma vez, é suficientemente amável para nós para recebermos apenas tudo o que desejamos. O nosso desejo de sermos felizes é muitas vezes deixado por cumprir pelas "fundas e flechas da fortuna ultrajante" (Ellis, 1968). Quando temos os nossos objectivos bloqueados, só podemos responder de uma de duas maneiras: saudável e útil ou pouco saudável e pouco útil. Ellis acreditava que a reacção que temos quando temos os nossos

objectivos bloqueados, ou tememos a

O potencial de serem bloqueados é determinado pelas nossas crenças. Esta é a crença que levou

Ellis a criar o modelo ABC que ilustra a forma como as crenças causam respostas emocionais e

comportamentais (Ellis, 1985).

No modelo ABC do REBT o A significa evento antecedente ou activador; muito

simplesmente A é o que aconteceu. B representa a crença do indivíduo em relação à situação. E C

representa a reacção emocional à crença. O modelo ABC ilustra que A não causa C, que é B que

causa C. Em relação a estas crenças, Ellis acreditava que existem três crenças irracionais comuns

que perturbam os indivíduos; Ellis referia-se a estas três como os três imperativos básicos. Os três

mostos básicos são: um, uma crença que se deve fazer bem e obter a aprovação de outros ou então

não servem. Dois, outras pessoas devem tratar-me de forma justa e amável e da forma exacta como

eu quero que eles me tratem. Se não o fizerem, não serei bom e mereço ser condenado e castigado.

E três, devo conseguir o que quero, quando quero, e não devo conseguir o que não quero. A

primeira crença causa frequentemente culpa, vergonha, depressão, e ansiedade. A segunda leva

frequentemente à raiva, violência, e comportamento agressivo passivo. E a terceira pode causar

autocomiseração e procrastinação. Ellis ilustra que se as crenças da pessoa fossem mais racionais e

saudáveis do que seriam, seriam mais flexíveis e teriam reacções mais saudáveis (Ellis, 1988).

É neste ponto que Ellis começa a contestar as crenças irracionais. Disputar é o D do modelo

ABC. É aqui que Ellis confronta os clientes sobre as suas crenças irracionais e tenta ensinar-lhes

novas crenças. Estas novas crenças mais saudáveis são o E do modelo ABC. Onde Ellis acredita

que é improvável que possamos eliminar pensamentos e crenças irracionais no total, é muito

possível mudar e reestruturar crenças a um ponto em que os indivíduos podem ter respostas mais saudáveis para activar eventos. No final, o objectivo é que as pessoas ganhem a capacidade de aceitar quando as coisas correm mal e reagir de uma forma semelhante à que teriam quando as coisas correm bem. Certamente que há diferentes emoções envolvidas em diferentes situações, mas ter crenças globalmente saudáveis é indicativo de resposta positiva em qualquer situação (Ellis, 1995).

O meu segundo objectivo seria combinar a REBT de Ellis com aspectos da Terapia Cognitiva de Aaron Beck, especialmente reconhecer e mudar conclusões ilógicas, pensamento maduro, e manter o foco terapêutico no presente. Tal como Ellis, Beck acreditava que a depressão é causada por indivíduos com uma visão irrealista ou negativa do mundo. Se mudarmos as crenças e pensamentos ilógicos destes indivíduos, podemos ajudá-los a aprender a substituí-los por pensamentos e conclusões saudáveis. De acordo com Beck (1979) os pensamentos e conclusões ilógicos são formados da seguinte forma Em primeiro lugar, há um pensamento automático. Este pensamento automático é seguido por uma suposição e esta forma uma conclusão ilógica que leva a um pensamento ilógico. Tem de haver um foco na mudança dos pressupostos individuais. Quando falham em alguma coisa, "Não consigo fazê-lo" é o pensamento automático,. A suposição é então geralmente algo do género: "Não sou bom, o que leva as pessoas a uma conclusão ilógica, sou um perdedor". Se trabalharmos com clientes para substituir pressupostos negativos, então podemos substituir a sua conclusão ilógica por outras lógicas e ajudar a mudar o seu pensamento negativo e ilógico. Também penso que se deve ensinar aos clientes a diferença entre o pensamento primitivo e maduro (Beck, 1979).

Beck's "Primitive thinking" Vs. "Mature thinking

1. O pensamento primitivo é não-dimensional e global:

   Eu sou a encarnação viva do fracasso.

2. O pensamento maduro é multidimensional e específico:

   Por vezes cometo erros, mas de outra forma posso ser esperto em muitas coisas.

3. O pensamento primitivo é absolutista e moralista:

   Sou um pecador, e vou acabar no inferno.

4. O pensamento maduro é relativista e não julgador:

   Por vezes desiludo as pessoas, mas não há razão para não poder fazer reparações.

5. O pensamento primitivo é invariante:

   Estou sem esperança.

6. O pensamento maduro é variável:

   Pode haver alguma forma...

7. O pensamento primitivo entra em "diagnóstico de carácter":

   Eu sou um cobarde.

8. O pensamento maduro examina os comportamentos - diagnóstico de comportamento:

   Neste momento, estou a comportar-me como um cobarde.

9. O pensamento primitivo é irreversível e vê as coisas como imutáveis:

   Não há nada que eu possa fazer quanto a isto.

10. O pensamento maduro é reversível, flexível e ameliorativo:

    Vejamos o que posso fazer para resolver isto (Beck, 1979).

Ao ilustrar os valores do pensamento maduro, dará aos clientes uma potencial recompensa dentro de si para trabalharem arduamente no tratamento.

Outra forma de sentir que posso ajudar os meus clientes é eliminando a auto-conferência negativa. A auto-falação negativa ocorre geralmente em momentos em que os indivíduos estão a passar por tumultos emocionais, altos níveis de stress, ou mudanças substanciais na vida. A auto-falação negativa é geralmente uma combinação de verdades parciais, realidade distorcida, lógica defeituosa, e uma visão desequilibrada de um problema que faz com que um indivíduo experimente emoções negativas. Algumas destas perturbações emocionais incluem ansiedade, medo, culpa, permissão, e maior probabilidade de se envolver em comportamentos de auto-sabotagem. Pois demasiada conversa negativa do indivíduo tornou-se uma rotina, se não uma parte constante, do seu diálogo interior. Há quatro passos para nos libertarmos da auto-falação negativa: tomar consciência dela, descobrir a sua origem, reconhecer os pagamentos, e tomar medidas conscientes para acabar com a auto-falação negativa (Meichenbaum, 1977).

No primeiro passo, os indivíduos devem tomar consciência do facto de que estão envolvidos em conversas negativas sobre si próprios. Devem prestar atenção à forma como falam consigo próprios e à forma como falam de si próprios com outras pessoas. Os indivíduos têm de começar a tomar consciência dos tipos de coisas que dizem a si próprios. No segundo passo, os indivíduos têm de descobrir onde começou a auto-falação negativa. Devem compreender que este é um comportamento aprendido e se esperam desaprendê-lo, devem identificar de onde o aprenderam. Examinar as relações passadas com os pais, amigos, família, parceiros românticos, professores e treinadores pode normalmente esclarecer onde se originou a propensão para falar mal de si próprio. O terceiro passo envolve o reconhecimento das compensações. É preciso compreender todas as formas como estão a ser inibidos pela sua própria conversa negativa sobre si próprios. Quando forem capazes de identificar que isso os está a impedir de fazer as coisas que querem fazer e talvez até a impedir de alcançar os seus objectivos e aspirações, terão a motivação para deixar de se envolver no comportamento. O quarto passo é composto por diferentes formas de os indivíduos poderem tentar quebrar o hábito da auto-falação negativa. Algumas das sugestões incluem: apenas dizer não a desmascarar-se, ser solidário e não condenar, reconhecer e enfatizar as coisas que se fazem bem, evitar rótulos negativos, dar-se crédito por tentar mudar, e permitir-se cometer erros (Meichenbaum, 1977).

Quando penso na experiência pessoal com conversas negativas, tenho de pensar na minha mãe, de mãos para baixo. A minha mãe é uma das pessoas mais inteligentes que conheço e passou demasiado tempo da sua vida a deixar as pessoas dizerem-lhe que não era suficientemente inteligente. Toda a minha vida ela trabalhou arduamente e trabalhou em muitos trabalhos que não são vistos pela nossa sociedade como trabalhos que as mulheres deveriam ou poderiam fazer. Nunca conheci a minha mãe para fazer uma tarefa em que ela não fosse uma das melhores. Quando estava na casa dos 40 anos, frequentou a faculdade e obteve um bacharelato em Psicologia em menos de três anos. Seguiu-o com um mestrado em Sociologia e agora provavelmente vai entrar neste programa de reabilitação e aconselhamento em saúde mental no Outono. Ela é uma das pessoas mais inteligentes que eu conheço. No entanto, ela só tem de falhar uma vez, antes que a conversa negativa sobre si própria comece. Ela dirá coisas como se fosse demasiado velha, ou não suficientemente inteligente, assim que falhar nessa primeira vez. Eu costumava não ser capaz de compreender como é que um indivíduo tão esperto poderia despencar para este tipo de comentários de auto-afirmação por falhar numa situação completamente nova apenas uma vez. Agora que sou mais velho e psicologicamente mais afinado, compreendo. Era a minha avó. Ela viveu a sua vida para dizer à minha mãe que não era suficientemente inteligente e que nunca seria tão boa como a minha avó. Penso que aliviar a conversa negativa é muito importante para todos, e é por isso que a incorporei na Teoria da Mudança. Nos tempos em que vivemos, demasiadas vezes alguém tem algo de negativo a dizer sobre todos nós, não precisamos de o fazer nós próprios.

Carl Rogers também desempenharia um papel, ainda que pequeno, nesta teoria. Naturalmente, incorporaria os princípios positivos e empáticos de Carl Rogers. A razão para isto seria fazer com que a parte de confronto de REBT não parecesse tão dura como seria se estes elementos de Rogers não estivessem presentes. Também pediria emprestado a Rogers dando aos clientes tempo para descobrirem a resposta aos seus problemas. Sim, ensinar-lhes-ia a minha teoria de REBT, mudando a conclusão ilógica, e evitando a auto-conferência negativa; mas também lhes daria algum tempo para identificarem as suas próprias crenças e pensamentos ilógicos que precisavam de ser mudados. Agora, se após algum tempo o cliente ainda for incapaz de fazer estas identificações, eu imploraria o modelo de confronto com a intenção do cliente de o tratar melhor por causa da empatia e da consideração positiva. Além disso, ao incorporar algumas das técnicas Rogerianas neste modelo, estou a tornar o processo terapêutico mais longo e esperançosamente capaz de obter resultados mais concretos e duradouros (Rogers, 1989).

Finalmente vou delinear e apresentar a história *Quem moveu o meu queijo* ao cliente como uma forma de facilitar a mudança. Esta história não é mais do que uma parábola sobre os poderes e a importância da mudança. Centra-se em dois ratos, chamados Sniff and Scurry, e duas pessoas pequenas, chamadas Hem and Haw, que vivem todas num labirinto. Todos os dias saem todos para o labirinto e procuram queijo porque isso é tudo o que há para comer. Um dia, tanto os ratos como as pessoas pequenas encontram todos uma estação de queijo que está cheia de queijo. As pessoas pequenas mudam logo para lá a sua casa porque querem estar perto do queijo. Um dia, o queijo acaba e os ratos fogem para o labirinto para encontrar novo queijo. As pessoas pequenas, contudo, zangam-se, começam a pensar no queijo como o seu queijo e sentem-se intituladas e enganadas. Passam-se muitos dias e os pequenos continuam a regressar à estação sem queijo na esperança de que alguém o devolva, mas o queijo nunca é devolvido. Após muitos dias disto, as pessoas pequenas começam a morrer à fome e Haw decide que quer sair para o labirinto e procurar novo queijo. Hem não quer deixar a estação do queijo. Haw escreve na parede "Quanto mais importante o seu queijo for para si, mais o quer segurar" (Johnson, 2002). Eventualmente Haw decide sair e depois de Hem se recusar novamente a vir, Haw escreve na parede "Se não mudares, podes ser extinto" (Johnson, 2002). Quando Haw se prepara para entrar no labirinto está aterrorizado, quase volta para trás, mas depois escreve na parede "O que farias, se não tivesses medo" (Johnson, 2002). Ao atravessar o labirinto à procura de novo queijo, apercebe-se de que sempre negou que sabia que o queijo da antiga estação de queijos tinha acabado, só não o queria admitir. Ele escreve na parede "Cheire o queijo frequentemente, para saber quando está a ficar velho" (Johnson, 2002). Haw continua a encontrar queijo novo pelo caminho, ele escreve na parede enquanto segue "Movimento numa nova direcção ajuda-o a encontrar queijo novo" (Johnson, 2002), "Quando deixa de ter medo, sente-se bem" (Johnson, 2002), e "Imaginar-se a apreciar o seu novo queijo leva-o a ele" (Johnson, 2002). Haw continua no labirinto e acaba por encontrar uma nova estação de queijo, uma que Sniff and Scurry já localizou. Ele está feliz, mas percebe que nunca mais poderá voltar a ser complacente. Ele percebe que "as crenças antigas não o levam a um novo queijo" (Johnson, 2002), e que "reparar cedo em pequenas mudanças ajuda-o a adaptar-se às mudanças maiores que estão para vir (Johnson, 2002).

Fiquei louco por psicologia quando estava a trabalhar no meu curso de AA. Comecei a ler tudo o que podia sobre cada tipo diferente de psicologia; um hábito que continuou através da minha licenciatura e até ao presente. Tenho trabalhado em aconselhamento sobre vícios há já bastante tempo e em toda a leitura que fiz entre a escola, a escolha e a formação profissional, nunca me deparei com uma peça de literatura que sinto ter mais potencial do que esta, no que diz respeito a ajudar as pessoas a mudar. Há um caminho simples a seguir ao delinear isto para um cliente ou para qualquer pessoa. Quando já não conseguimos sobreviver como somos, temos de mudar. Se não mudarmos, podemos deixar de existir. Temos de acreditar em tudo o que podemos fazer se desistirmos do nosso medo. Porque nunca recuperaremos o que perdemos no passado, se não mudarmos.

Em suma, a minha teoria (Teoria da Mudança) é construída com a intenção directa de ajudar as pessoas a mudar. REBT é utilizada para ajudar a substituir crenças irracionais por crenças saudáveis. Peço emprestado a Aaron Beck para manter a minha teoria fundamentada no presente, para ensinar indivíduos a identificar e a mudar o pensamento ilógico, e para ilustrar os valores do pensamento maduro sobre o pensamento primitivo. Tiro de Donald Meichenbaum para aliviar as conversas negativas do eu. E peço emprestado a Carl Rogers numa tentativa de dar às pessoas a oportunidade de descobrir que pensamentos e crenças irracionais possuem e precisam de mudar. No entanto, se não conseguirem fazê-lo num determinado período de tempo, entro em fase de confronto. Quando estou em confronto, recorro a Carl Rogers para empatia e consideração positiva para aliviar o golpe do confronto para o cliente. Finalmente utilizo *Who Moved My Cheese* como uma ilustração universal dos princípios da mudança e como uma directiva para ajudar as pessoas a realizar a mudança. Porque estou a tentar ensinar porções de quatro metodologias diferentes enquanto utilizo uma parte da paciência de Carl Rogers, sinto que a terapia será um processo moroso. Como terapeuta, serei activo e directivo. Explicarei sempre o que estou a fazer e as razões pelas quais o estou a fazer. Irei ensinar às pessoas as técnicas de que necessitam para se ajudarem a si próprias, para que quando os serviços terminarem já tenham um conhecimento prático dos padrões que devem seguir. A minha relação terapêutica com os meus clientes será colaborativa, em oposição a autoritária ou neutra. Tenho o poder de ser o professor, mas à medida que ensino o material transfiro esse poder para o cliente à medida que este se torna o seu próprio professor.

Que técnicas utiliza?

A primeira técnica que eu utilizo é a Teoria da Mudança. A base da Teoria da Mudança é a

Terapia Racional do Comportamento Emotivo (REBT). Ao utilizar REBT, o Modelo ABC é utilizado para contestar crenças irracionais e substituí-las por novas crenças. É ensinada aos clientes a importância das crenças no comportamento. A minha base REBT é então combinada com a teoria de Beck sobre o reconhecimento e mudança de conclusões ilógicas, pensamento maduro, e basear as interacções terapêuticas no presente. Incorporamos então a teoria de Meichenbaum sobre a remoção da auto-falação negativa. Em seguida, peço emprestado a Carl Rogers para suavizar o estilo de confronto da minha teoria e para proporcionar ao cliente um tempo limitado para chegar às suas próprias conclusões. Isto iria enriquecer a experiência terapêutica com maior potencial de auto-descoberta e prolongar a duração global da terapia. Finalmente, esboçaria e apresentaria *Quem moveu o meu queijo* como uma ferramenta terapêutica para ajudar os clientes a identificar as necessidades e a tornarem-se mais abertos à ideia de mudança. Fora da minha teoria primária existem muitas abordagens diferentes que eu estaria interessado em utilizar como técnicas terapêuticas. Onde estas técnicas nunca seriam uma parte garantida do plano terapêutico de qualquer indivíduo, sinto que encontraria casos em que a utilização de uma ou mais das seguintes técnicas seria útil. Dividi estas técnicas em quatro categorias; técnicas de desempenho, técnicas de escrita, adereços, e analogias.

Técnicas de desempenho:

Definitivamente, gostaria de usar música em psicoterapia. A terapia musical mostrou-se pela primeira vez eficaz no trabalho com veteranos da Segunda Guerra Mundial; como os veteranos que não responderam a mais nada, responderam à música. Recentemente tem havido um ressurgimento no uso da música em psicoterapia. O objectivo da terapia musical é relacionar os elementos da música com as emoções que são pertinentes aos objectivos terapêuticos e planos de tratamento (Butterton & Trevarthyn, 2007). A musicoterapia pode frequentemente levar à formação de novas formas de comunicação que podem ajudar os indivíduos a aumentar a sua autoconsciência e a melhorar a sua auto-expressão. Os clientes têm a capacidade de utilizar a música da forma que quiserem. Podem ser intérpretes ou apenas ouvintes; podem tocar instrumentos ou simplesmente imaginar o que seria tocá-los. Quando a música termina, ser-lhes-ia pedido que partilhassem os tipos de emoções que sentiam, quando as sentiam, eram as emoções associadas a aspectos da música ou da letra, e porque pensam que associam cada emoção à parte certa da música. A musicoterapia é muito benéfica para ajudar as pessoas a tornarem-se mais em contacto com os seus sentimentos e aumentar a sua capacidade de os partilhar com outras pessoas (Bunt, 2002).

Sou um forte adepto do poder da música. A terapia de um homem pobre é uma jukebox; porque se procurarmos bem, podemos encontrar aí uma canção que é palavra por palavra falando de nós e descrevendo a nossa situação e as nossas emoções. Sempre fui capaz de encontrar conforto em canções que ecoam a forma como me sinto emocionalmente. A minha versão pessoal de terapia musical centrar-se-ia em pedir ao cliente que escolhesse canções que sentisse representar a sua vida, os seus sentimentos, e as suas relações com outras pessoas. A seguir, pedir-lhes-ia que trouxessem essas canções para a sessão de aconselhamento e que as tocassem para mim. Pedia-lhes então que explicassem porque é que as canções os fazem sentir da forma que descreveram. Finalmente, pedir-lhes-ia que tentassem escrever a sua própria canção que definisse a sua situação. Justificaria isto, concentrando-me nos pequenos erros musicais. Quanto a dizer, todos ouvimos uma canção a que estivemos muito apegados e sentimos que a canção falava de nós. Contudo, tem sido minha experiência que, de uma forma pequena ou outra, um elemento da canção não está certo ao descrever a nossa situação. Pedia aos meus clientes que escrevessem a sua própria canção para que houvesse uma harmonia completa entre a letra e a sua vida. Uma vez que a canção seja Completo, pedir-lhes-ia que me explicassem o seu raciocínio para a escrever da forma como o fizeram e depois pedir-lhes-ia que avaliassem o quanto se sentem melhor sobre a sua situação actual, devido a terem escrito a sua canção. Se se sentissem à vontade com a ideia, todos os meus clientes seriam autorizados a executar a canção, se isso fosse algo que estivessem interessados em fazer.

Uma das técnicas que mais me interessaria seria o psicodrama. O psicodrama é uma técnica terapêutica que utiliza a dramatização para explorar as questões, problemas, preocupações, e objectivos das pessoas. Os psicodramas são geralmente conduzidos dentro de um grupo, geralmente em terapia de grupo, mas podem ser realizados com um grupo de conselheiros ou grupos de amigos e familiares apoiantes (Fox, 1987). O psicodrama tem fortes raízes no teatro, uma vez que é frequentemente conduzido em algum tipo de palco onde são utilizados adereços. O indivíduo a quem o psicodrama é construído para ajudar é conhecido como o protagonista, onde o conselheiro ou conselheiros assumem o papel do realizador (Yablonsky, 1976). Num período de tempo de uma a duas horas, o protagonista explora conflitos internos interagindo com os outros participantes e o director, numa tentativa de "facilitar uma reestruturação interna de mentalidades disfuncionais no que respeita à interacção com outras pessoas, aprender novas formas de ultrapassar obstáculos, e tornar-se mais espontâneo e independente" (Yablonsky, 1976).

Os filmes e peças de teatro são muito parecidos com a música. Gostamos deles e relacionamo-nos com eles porque podemos encontrar semelhanças entre o enredo e as nossas vidas. Podemos observar e fingir que somos mais do que aquilo que somos ou podemos simplesmente usá-los como meio de fuga durante algumas horas das provações e tribulações das nossas próprias vidas. Os heróis com quem nos identificamos são as pessoas com quem nos parecemos e com quem desejamos poder ser mais semelhantes. Os vilões que mais odiamos são aqueles que logicamente podemos comparar com as pessoas nas nossas vidas que nos oprimiram ou nos causaram danos.

Penso que ter a oportunidade de actuar estas situações, as nossas vidas, num palco; é possivelmente uma das ferramentas terapêuticas mais poderosas que se poderia ter. Compreendo que não funcionaria para todos, mas penso que existe uma população muito grande para a qual o Psicodrama poderia ser muito útil.

A título pessoal, faço filmes independentes e tenho tido muito sucesso no terreno. No entanto, quando recordo o primeiro filme que fiz foi claramente baseado numa necessidade de actividade terapêutica. Escrevi o filme sobre uma personagem que foi uma tomada de consciência extrema em relação ao meu distúrbio de ansiedade. Todo o filme era sobre as minhas provações e tribulações com medo e ansiedade e como me fez perder coisas e baixar a minha qualidade de vida. Fiz o filme, realizei-o, editei, e depois vi-o. E os resultados terapêuticos que experimentei foram astronómicos. Consegui ver o meu distúrbio de ansiedade vivo e em movimento sem ter de ser introspectivo. Pude rir de algumas das coisas com que estou irracional ou excessivamente preocupado. E fui capaz de reconhecer algumas das formas como me estava a enganar a mim próprio por desfrutar de muitas facetas da minha vida actual com a minha família. Tive uma melhoria de dez vezes nos meus problemas de ansiedade por causa da terapia que recebi ao ver tudo isto actuar e ao ser capaz de identificar coisas que não conseguia ver antes. Já passaram quase três anos desde que fiz aquele filme e as melhorias em mim permaneceram. Percebo que não podemos ter todos os nossos clientes a escrever e a fazer o seu próprio filme, alguns poderiam, tenho a certeza, mas não todos; e é por isso que o Psicodrama é uma ferramenta muito válida para ter na sua caixa de ferramentas.

Técnicas de escrita:

Outra técnica seria a terapia de diário. A terapia de diário é o acto de escrever pensamentos e sentimentos a fim de identificar problemas e ganhar uma melhor compreensão das questões na vida de um indivíduo. A terapia de diário é diferente de manter um diário. Quando os diários se

concentram em pontos de vista exteriores em torno de eventos diários, as revistas concentram-se

mais nos sentimentos internos em relação à experiência diária. Estes escritos podem servir para

ajudar a aliviar tensões, stress, e pensamentos e comportamentos auto-destrutivos. A terapia das

revistas dá aos indivíduos a capacidade de melhor diagnosticar os seus problemas e tentar encontrar

soluções para os problemas que enfrentam no aqui e agora.

A terapia com diários tem demonstrado ser altamente eficaz quando se trabalha com luto, perda,

doença terminal, vícios, doenças crónicas, distúrbios alimentares, terapia matrimonial e familiar, e

doenças crónicas (Campbell, 2000).

Penso que o jornalismo é um excelente instrumento para todos; não apenas para as pessoas

em terapia. Tenho tantos periódicos espalhados pela minha casa que acabei de escrever porque, de

alguma forma, me fez sentir melhor. O jornalismo dá-nos a oportunidade de dissecar a forma como

estamos a sentir e procurar respostas para as nossas emoções sem nos colocarmos em risco de nos

sentirmos embaraçados com o que as outras pessoas pensam. Por vezes escrever algo no seu diário

e ter alguém a lê-lo pode ser terapêutico; mas na maioria das vezes a parte mais terapêutica do

jornalismo é saber que ninguém o vai ler a não ser você. De todas as técnicas potenciais que

mencionei utilizar; acredito que a terapia do diário seria a que mais utilizaria, parece ser útil para

quase toda a gente.

Sinto que em certas situações a terapia da carta também pode ser uma técnica muito útil.

Escrever cartas é uma ferramenta de aconselhamento muito poderosa, e é muito fácil de integrar em

quase todos os modelos terapêuticos. As cartas podem ser escritas a qualquer pessoa. Podem ser

escritas a amigos, familiares, cônjuges, ou mesmo a si próprios. Estas cartas podem ser dirigidas a

pessoas vivas ou falecidas. Podem ser escritas com a intenção de eventualmente as partilhar com a pessoa a quem estão a ser escritas, ou apenas guardadas como uma ferramenta terapêutica privada para os próprios escritores de cartas. Há cinco passos para a terapia de escrever cartas. O primeiro passo é a abertura. Nesta fase o cliente será convidado a descarregar os seus sentimentos para com a pessoa a quem está a escrever a carta. Não têm de seguir qualquer estrutura nesta carta, pois são livres de dizer o que quiserem ao destinatário da carta. Na segunda etapa, o cliente será solicitado a escrever a carta enquanto organiza os seus pensamentos numa hierarquia do que está a tentar realizar, correspondendo à pessoa a quem está a escrever, organizada da mais importante para a menos importante. No terceiro passo, as cartas devem concentrar-se mais nos pontos fortes do que nos pontos fracos. Devem ser estruturadas em relação às formas como a pessoa que escreve a carta superou os impedimentos e as dificuldades que o destinatário da carta lhes causou. Estas cartas devem ser sobre a ilustração do crescimento pessoal e da mudança para melhor que foi facilitada pelo comportamento da pessoa a quem a carta é escrita. O quarto passo consiste em passar para o presente. As situações com o indivíduo para quem as cartas estão a ser escritas estão no passado, mesmo que apenas no passado muito recente, elas estão no passado. Estas cartas são sobre a tomada de decisões sobre o presente e como essas decisões vão ser no melhor interesse da pessoa a quem as cartas foram escritas. Com este passo, as cartas devem ser preenchidas com auto-confiança e assertividade. Na quinta e última etapa, os indivíduos afirmam a sua atitude positiva, olhando para trás, tudo o que aprenderam. Permanecem fortes nas suas próprias crenças e nas suas escolhas recentes porque trabalharam do passado para o presente de uma forma que não só se sentem validados pela sua experiência, como se sentem fortalecidos pelo que sobreviveram (Steinberg, 2000).

A terapia da carta é algo que aprendi muito cedo na minha vida. Quando eu tinha cerca de dez anos de idade era um grande fã do comediante de standup Louie Anderson. No Natal de um ano recebi o seu livro "Dear Dad". Comecei rapidamente a lê-lo porque pensava que se tratava de um livro de comédia. Fiquei muito surpreendido ao descobrir que na realidade era um livro de cartas que ele tinha escrito ao seu pai bêbado e abusivo. As cartas eram Gestalt, porque Louie estava a escrever as cartas ao seu pai quando era adulto. Fiquei muito comovido com o que ele tinha escrito. Mesmo na minha tenra idade pude ver um grande potencial para esta técnica. Tenho vindo a utilizar a escrita de cartas a pessoas sobre as quais me sinto negativo e que sinto estarem a ter consequências negativas na minha vida há muitos anos.

Em relação à escrita, a técnica final que eu utilizaria, conforme necessário, é a terapia de poesia.

A poesia dá-nos a oportunidade de pintar um quadro da nossa vida da forma que quisermos. As palavras que são utilizadas, o tom que é definido, são todas extremamente valiosas para identificar o estado emocional do indivíduo (Mazza, 2003). A poesia também serve como uma grande libertação porque se espera que a poesia seja rica em emoções e sentimentos; dá aos nossos clientes uma saída muito criativa para as emoções e sentimentos que eles possam estar a guardar no seu interior. Quanto à técnica, não há muito que eu possa dizer, eles escrevem poesia e partilham-na consigo e você utiliza-a para os avaliar e construir objectivos no seu plano de tratamento. Tenho beneficiado de escrever poesia durante a maior parte da minha vida. Por vezes as emoções são tão extremas que criar algo de belo é a única forma de justificar deixá-las sair.

Adereços:

Onde não seria um princípio universal da minha teoria utilizar adereços, permitam-me explicar alguns dos casos em que acredito que os adereços se tornariam uma das minhas técnicas utilizadas. O primeiro adereço que eu sinto que utilizaria com alguma regularidade seria a cadeira vazia. No entanto, quando utilizo a cadeira vazia estaria a utilizá-la da forma como a Gestalt terapia a utiliza; no que diz respeito ao estado de espírito do paciente. Por outras palavras, se o meu paciente precisar de falar com alguém como um pai ou amigo que o tenha prejudicado no passado, não regressará a si próprio na idade (Perls, 1973). Dirigir-se-ão à pessoa que precisa de ter na cadeira vazia a partir da sua idade e estado mental actuais. Desta forma, mesmo que os indivíduos estejam a olhar para o passado, estão a olhar para aquele lado enquanto estão firmemente enraizados no presente.

Ao lidar com alcoólicos que têm problemas de relacionamento com amigos e familiares, uma garrafa de cerveja vazia é um bom adereço a utilizar. Peça ao cliente para tecer as suas mãos para indicar a proximidade que costuma ter com o membro da família ou amigo em questão. Depois entregar-lhes uma garrafa de cerveja vazia e pedir-lhes que lhe mostrem novamente essa proximidade. Quando indicarem que não podem voltar a juntar as mãos, ilustrar o ponto de vista de que nunca voltarão a manter essa proximidade com a pessoa em questão a menos que pousem a garrafa (Jacobs, 1992).

Um copo descartável de plástico também pode servir como um bom adereço quando se trabalha com indivíduos em determinadas situações. Quando se trabalha com indivíduos com baixa auto-estima, pode-se dar ao cliente um copo de plástico para representar a sua auto-estima e fazer com que lhe furem buracos. Depois peça-lhes que examinem os buracos e identifiquem o que causou cada um deles. Em seguida, enviará a taça para casa com eles para o seu exame posterior. Outro uso para um copo de plástico é quando se trabalha com indivíduos que não importa o que façam, não se podem permitir sentir amados. Dê-lhes uma chávena descartável com um grande buraco no fundo. Depois explique que não importa quanto amor seja derramado no seu copo, eles nunca se encherão de amor até se dirigirem ao buraco (Jacobs, 1992).

Ao realizar aconselhamento matrimonial ou de casais, pode ser utilizado um pequeno pedaço de madeira com um buraco e três cavilhas. Das três cavilhas, uma deve caber, uma não deve caber por uma margem pequena, e a outra não deve caber por uma margem grande. Peça aos dois membros do casal que escolham a cavilha que melhor representa a sua relação. Se escolherem uma das cavilhas que não caiba no buraco do que fazer notar que a sua relação nunca poderá voltar ao que era antes, a menos que um deles raspe a sua cavilha. Então peça a cada membro do casal para explicar ao outro coisas que poderia fazer para rapar a sua cavilha e fazer com que a sua relação se volte a transformar no bom ajuste que costumava ser (Jacobs, 1992).

Mais dois adereços que merecem ser mencionados são a massa de jogo e um puzzle para crianças. Quando trabalhar com massa de jogo, enrole-a numa bola sólida e entregue-a ao seu cliente. Pergunte ao cliente como se sente. Uma vez que tenham respondido, pegue a massa de jogo de volta e divida-a ao meio, coloque metade da bola numa cadeira vazia e dê a outra metade ao cliente. Depois, pergunte-lhes novamente como se sente e faça notar que precisam de parar de se dividir. Em relação ao puzzle das crianças antes de o dar ao cliente, retire duas ou três peças. Uma vez que tenham voltado a montar o puzzle o melhor possível, peça-lhes que lhe digam exactamente o que se passa na imagem que criaram; quando lhe disserem que não podem, assinale que continua a ser impossível ter uma imagem clara de nada se não tiver todas as peças (Jacobs, 1992).

Alguns adereços finais que considero úteis na terapia são uma caixa de pensos rápidos e um filtro de ar condicionado. Ao trabalhar com clientes que procuram uma solução rápida ou relutantes em abrir, invocar uma caixa de pensos rápidos. Depois pergunte ao cliente se está interessado numa solução rápida, como um penso rápido, que se vai lavar em poucos dias, ou se está interessado em curar a ferida propriamente dita. Ao trabalhar com indivíduos que estão muito concentrados na mão passada, o espelho retrovisor de um carro. Depois peça-lhes para fingir que estão sentados no banco do condutor de um carro e para posicionar o espelho retrovisor onde ele pertence. Uma vez que o façam, tire-lho e coloque-o em frente dos seus olhos e pergunte-lhes o que conseguem ver. Quando respondem ao espelho ou nada, dizem que é porque se mantiverem o que está atrás de si à frente do seu rosto, não conseguem ver o presente. É por isso que o retrovisor está localizado onde está no carro, porque o passado é importante, mas em momento algum deve estar a bloquear o presente. Quando se trabalha com indivíduos que parecem não poder ignorar os comentários feitos pela família ou colegas de trabalho, é-lhes dado um filtro de ar condicionado. Depois diga-lhes que é o seu filtro e que o devem utilizar para filtrar o discurso dos outros e apenas reter o que lhes é dito que é útil ou construtivo (Jacobs, 1992).

Analogias:

Finalmente, a utilização de analogias pode também ser uma técnica terapêutica muito importante. Algumas das analogias que certamente utilizaria incluem a comparação da terapia com uma nova linguagem, salientando que a princípio não será fácil e por vezes podem sentir-se sobrecarregadas e confusas, mas uma vez atingida a fluência sentir-se-ão muito melhor. Outro seria perguntar ao cliente se alguma vez perdeu peso, se disserem que sim perguntar-lhes quanto, quando responderem perguntar-lhes quanto tempo demorou. Em seguida, construir sobre a sua resposta para ilustrar a importância da paciência em relação aos resultados terapêuticos. Mais algumas analogias seriam uma comparação com aprender a conduzir pela primeira vez um veículo de mudanças de pau ou fazer uma comparação com a remodelação de uma casa. Ambos os exemplos ilustram melhor os benefícios da terapia, ao mesmo tempo que reiteram que se trata de um processo peça por peça e oportuno que exigirá trabalho árduo e paciência (Jacobs, 1992).

Mais uma vez, nunca poderia justificar a utilização de uma ou de todas estas técnicas com qualquer nível de permanência. No entanto, sinto que todas as ferramentas e técnicas acima mencionadas poderiam, em alguns casos, ser muito úteis. Além disso, todas as técnicas possíveis que mencionei têm algumas coisas em comum. Primeiro, todas elas têm a capacidade de fundamentar a relação terapêutica no presente. Segundo, são muito eficazes em mostrar aos clientes os tipos de pensamentos e crenças que contribuem para os seus pensamentos e comportamentos que desejam mudar. E três, quando interpretados da forma correcta, podem servir de motivação ou de mapa para mudar o comportamento.

Pessoalmente, aborreço-me muito facilmente. Vi um terapeuta há alguns anos atrás por gestão de luto quando a minha avó faleceu. Ele era muito aborrecido para mim. Quando lhe disse que não conseguia parar de pensar na morte dela e em tudo o que tinha perdido, ele deu-me um elástico *Wolpe* e disse-me para me partir sempre que ruminava sobre a morte da minha avó. Quando voltei para o ver na semana seguinte, o topo do meu pulso tinha sido aberto em muitos lugares e estava coberto de crostas. Ele perguntou-me se tinha ajudado. Disse-lhe que tinha seguido as suas instruções e que me tinha estalado sempre que me apanhava a ruminar sobre os pensamentos da sua morte, mas que o estalido não me tinha atrasado. Disse-lhe também que agora estava deprimido e que o meu pulso me doía muito. Pouco depois disso, a nossa relação terapêutica dissolveu-se. Quando olho para trás agora não posso deixar de pensar que se ele tivesse aprendido o tipo de pessoa que eu era, teria sabido que me poderia ter pedido para fazer qualquer uma das coisas que delineei, desde ler "Who Moved My Cheese" até escrever um poema ou uma canção ou mesmo trabalhar com um adereço e que teria feito progressos e me teria sentido melhor. Não pretendo sugerir que todos precisam de técnicas criativas ou adereços para ajudar a sua terapia a avançar na direcção certa; mas estou certo de que há outros como eu que precisam.

Limitações à Minha Teoria:

Não gostaria de poder dizer que não há limitações à minha teoria? Penso que é lógico que todos queremos acreditar que as nossas teorias são irrepreensíveis. Infelizmente, é ilógico acreditar realmente que são. Até certo ponto, não há nenhuma teoria de aconselhamento que alguma vez tenha sido escrita, ou seja, sem limitações e a minha não é diferente. As limitações que identifiquei dentro da minha teoria são as seguintes.

O ponto principal da minha teoria centra-se na mudança de pensamentos e crenças. O primeiro problema com isto é que certos pensamentos e crenças podem estar profundamente enraizados nos indivíduos. Mudar estes padrões de crença e os pensamentos que são produtos deles pode, em muitos casos, ser uma tarefa muito difícil. Além disso, mesmo depois de se ter conseguido mudar as crenças e os padrões de pensamento, não há garantia de que o comportamento irá mudar. Isto pode ser muito desanimador para os indivíduos que trabalharam diligentemente através do processo terapêutico para não terem as suas expectativas satisfeitas e serem confrontados com o recomeçar ou tentar um modelo diferente. Seria muito importante que os clientes soubessem desde o início que é possível uma mudança no pensamento e na crença, não igualando a mudança no comportamento, embora não seja um resultado comum, mas uma possibilidade, não obstante.

O modelo terapêutico que estou a propor é assustador. Independentemente do quanto Carl Rogers está misturado para tentar aliviar algum do aspecto conflituoso desta terapia, ele ainda está lá até certo ponto; porque o confronto é a marca do sucesso deste modelo. Os clientes terão de ser capazes de lidar com o confronto sobre questões sensíveis e pessoais sobre si próprios. Os clientes também terão de compreender que o tipo de terapia em que se estão a envolver é uma terapia que exige muito trabalho e dedicação. Terão de compreender que pode levar tempo antes mesmo de verem quaisquer resultados da terapia. E, como mencionei acima, mesmo depois de o pensamento ou crença terem sido mudados, não há garantia de que haverá uma mudança de comportamento. Isso significa que os clientes são confrontados com uma terapia que é mais conflituosa do que provavelmente também é utilizada, têm de ser muito dedicados a ela, pode levar algum tempo a trabalhar, e no final não há nenhuma garantia de que irá mudar o comportamento para o qual procuraram tratamento em primeiro lugar. Quando esta crítica contra a minha teoria ou qualquer teoria é algo injusta, porque é simplesmente o pior cenário e não o resultado comum da terapia; quando revelada ao cliente como uma possibilidade; pode ser suficiente fazê-los não entrar neste processo terapêutico ou abandoná-lo precocemente.

Há uma limitação definitiva sobre para quem esta teoria iria trabalhar. Esta teoria não funcionaria bem com indivíduos psicóticos, esquizofrénicos, ou deficientes da realidade. Esta teoria também não funcionaria bem para os indivíduos que sofrem de perturbações orgânicas. Esta teoria é definitivamente mais capaz de ajudar indivíduos que sofrem de distúrbios de ansiedade, distúrbios de personalidade, e depressão. Não creio que esta teoria funcionaria bem com indivíduos psicóticos porque não seriam capazes de seguir o modelo do processo da teoria. Eu diria que esta teoria é muito mais qualificada para ajudar indivíduos que sofrem de neurose do que para ajudar indivíduos que sofrem de psicose.

Um segundo aspecto de quem esta teoria trabalharia para centros em torno da construção em profundidade da própria teoria. Este é um processo terapêutico que requer muita reflexão, muita auto exploração, e muita resposta articulada. O quadro básico desta teoria torna difícil negar que se trata de uma teoria que funcionaria melhor com pessoas mais inteligentes. Esta teoria não foi de forma alguma concebida para correlacionar o sucesso e o nível de inteligência, mas no final é indicativa dessa correlação. Não querendo dizer que não pudesse funcionar com pessoas que tivessem um nível inferior de inteligência, tenho a certeza de que poderia. Tenho também a certeza de que existem certos indivíduos com níveis mais elevados de inteligência que não poderiam ser tratados por esta teoria porque não funcionaria para eles. Tudo o que estou a abordar é a maioria. E é minha convicção que a maioria das vezes este tipo de terapia funcionaria melhor para os indivíduos com maiores taxas de inteligência.

Por último, alguns indivíduos podem não sentir que a sua mortalidade tenha qualquer efeito no seu estado mental e na sua vida quotidiana. Alguns indivíduos podem não sentir que se concentram no passado ou no futuro; podem já se ver a si próprios como fundados no presente. Alguns podem afirmar nunca ter problemas de culpa e negar ter inveja de pessoas que estão mais ou menos evoluídas em termos de moralidade pessoal do que estão. Isto pode ser verdade ou certos indivíduos podem não estar dispostos a admitir o facto de serem afectados por estas questões. Independentemente de qual desses casos estiver em jogo, todos temos de reconhecer o facto de que, em alguns casos, podemos estar errados. Delineei o que acredito ser verdade sobre a humanidade como um todo e as razões pelas quais acredito que eles fazem as coisas que fazem. Bem, em relação às razões pelas quais as pessoas fazem o que fazem, há uma pessoa lá fora que poderia provar que eu e todos os outros estamos errados. Há sempre excepções à regra que não se enquadram em nenhum dos critérios que identificámos como sendo uma expectativa dentro delas. É por isso que podemos falar sobre as razões pelas quais sentimos que as pessoas fazem o que fazem apenas num sentido maioritário. Acredito firmemente que a maioria das pessoas faz o que faz por causa das razões que referi, mas também tenho de acreditar que há algumas pessoas por aí que não são afectadas por essas razões.

Embora eu tenha a certeza de que alguns atacariam a minha teoria pelas várias técnicas e adereços de desempenho que delineei na minha secção de técnicas. Não vejo isto como uma limitação porque nenhum desses conceitos foi alguma vez implicado como sendo utilizado de uma forma abrangente, mas sim se e conforme necessário.

Implicações profissionais:

Se tenho de examinar a minha teoria em termos de implicações profissionais, a primeira variável que tenho de considerar é o tempo. O tipo de terapia que estou a delinear é um programa bastante extenso que tem de ser ensinado e depois acomodado com paciência por parte do conselheiro. Há uma grande probabilidade de, na maioria dos casos em que o meu modelo terapêutico é utilizado, o cuidado gerido não estar disposto a pagar pelo tratamento enquanto o indivíduo necessitar dele. Isto significaria que este tipo de terapia se tornaria mais utilizado entre uma população que pode dar-se ao luxo de pagar do bolso por serviços terapêuticos. Isto deixaria a minha teoria aberta à crítica de que foi concebida para funcionar da melhor forma para pessoas de inteligência superior, que são mais sofisticadas psicologicamente, e de um estatuto socioeconómico mais elevado. Embora eu não acredite que seja esse o caso, vejo o problema em ter apenas taxas terapêuticas de sucesso dentro de uma determinada população. Um conselheiro teria então de ter o cuidado de não apresentar a teoria como sendo universalmente bem sucedida se tivesse taxas de sucesso limitadas fora de uma determinada população.

Em relação directa ao tempo que será necessário para ajudar com sucesso as pessoas, também tenho de considerar o facto de que os indivíduos podem ter de se envolver no processo terapêutico durante algum tempo antes de começarem a sentir-se melhor. A sua capacidade de se empenharem e trabalharem diligentemente no seu plano terapêutico será também correlacionada com o ritmo da sua melhoria. Suponho que alguns indivíduos desistiriam da terapia antes de começarem a experimentar resultados positivos por impaciência; imagino também que certos indivíduos desistiriam da terapia porque a consideram como demasiado trabalho ou demasiado grande empenho. Haveria necessidade de informar os clientes no início do processo terapêutico que esta abordagem exigiria muito trabalho árduo e dedicação. Também seria importante que os indivíduos compreendessem que podem ter de trabalhar no seu tratamento durante um longo período de tempo antes de verem resultados. Se um conselheiro que utilize a minha teoria se esquecesse de mencionar os componentes de tempo e trabalho deste processo terapêutico, imagino que perderiam a maioria dos seus clientes e não apenas uma minoria. As exigências e expectativas do cliente que utilizasse este modelo teriam de ser abordadas logo no início do tratamento.

A minha teoria também sublinha o aqui e agora. Isto é diferente de muitas outras teorias que olham para o passado para todas as respostas aos problemas e diferente das teorias que olham para o futuro como um objectivo motivacional. Porque acredito de todo o coração que muitos dos problemas que as pessoas experimentam estão directamente relacionados com o facto de viverem demasiado no passado, ou de ponderarem e se preocuparem demasiado com o futuro, eu estaria a construir a minha teoria em torno do presente. Se as pessoas olham para o futuro e causam a si próprias angústia mental ao concentrarem-se em conceitos que estão enraizados no futuro como a sua morte ou resposta final no que diz respeito às suas crenças religiosas, a melhor solução é tentar fundamentar os seus pensamentos e tratamento no aqui e agora. O mesmo pode ser dito em relação ao passado. Onde eu realmente sinto até certo ponto, que o passado tem um valor no presente em relação ao que aprendemos com ele e como pode ser interpretado em relação à situação actual; se viver nele se tornou a razão da angústia e disfunção mental do que o foco deve ser deslocado do mesmo para o presente. Obviamente, todos nós olhamos para o passado e para o futuro em vários momentos da nossa vida. Muitas das vezes, os indivíduos olham para trás para se aproveitarem da experiência ou para se lembrarem de momentos agradáveis. Muito do tempo em que os indivíduos olham para a frente, estão a imaginar resultados agradáveis para o trabalho árduo e dedicação. No entanto, quando a exploração do passado ou do futuro se torna um canal de angústia psicológica e emocional, a reorientação para o presente torna-se a melhor alternativa. Para utilizar com sucesso os meus conselheiros teóricos teriam de se treinar para evitar a exploração do passado e do futuro e reduzir o seu foco para o aqui e agora do presente.

Obras Citadas

Adler, A. (1997). *Compreender a vida: uma introdução à psicologia de Alfred Adler.*

   Oxford: One World Publications

Allport, G. (1955). *Tornar-se: considerações básicas para uma psicologia da personalidade.* Novo Paraíso,

   CT: Imprensa da Universidade de Yale

Beck, A. (1979). *A terapia cognitiva e as perturbações emocionais.* Nova Iorque: Pinguim.

Beckett, S. (1982). *À espera de Godot.* Nova Iorque: Grove Atlantic.

Bunt, L. (2002). *O manual de musicoterapia.* Nova Iorque: Brunner Routledge.

Butterton, M., & Trevarthyn, C. (2007). *Ouvir música em psicoterapia.* Filadélfia:

   Radcliffe.

Campbell, A. (2000). *O seu canto do universo: Um guia para a terapia através da escrita de diários.*

   Lincoln NE: I-Universo.

Coelho, P. (2000). *Veronika decide morrer.* Nova Iorque: Harper Collins.

Connor, J.A. (2006). *Aposta de Pascal: O homem que jogou aos dados com Deus.* Nova Iorque:

   Harperone.

Ellis, A. (1968). *Será o objectivismo uma religião?* Nova Iorque: Lyle Stuart.

Ellis, A. (1985). *Ultrapassar a resistência.* Nova Iorque: Springer.

Ellis, A. (1988). *Rational Emotive Behavior Therapy with alcoholics and substance abusers.*

Toronto: Pergamon.

Ellis, A. (1995). *Terapia breve melhor, mais profunda e mais duradoura*. Nova Iorque: Brunner

Mazel.

Ellis, A. (1999). *Como fazer-se feliz e notavelmente menos perturbável*. Atascandero, CA: Impact

Publishing.

Emener, W. (2009). RCS 6407 Palestra de Teorias de Aconselhamento. Departamento de

Reabilitação e Programa de Aconselhamento em Saúde Mental, Universidade do Sul da

Flórida. 11 de Março de 2009.

Erikson, E. (1994). *A identidade e o ciclo de vida*. Nova Iorque: Norton.

Fasko, D., & Willis, W. (2008). *Perspectiva filosófica e psicológica contemporânea sobre

desenvolvimento moral e educação*. Creston, NJ: Hampton Press.

Festinger, L. (1957). *Uma teoria da dissonância cognitiva*. Palo Alto, CA: Stanford University

Press.

Fox, J. (1987). *O Moreno essencial: Escritos sobre psicodrama, método de grupo, e

espontaneidade*.

Nova Iorque: Springer.

Freud, S. (2002). *A psicopatologia da vida quotidiana*. Nova Iorque: Pinguim.

Jacobs, E. (1992). *Técnicas de aconselhamento criativo: Um guia ilustrado*. Trenton, NJ:

Psychological Assessment Resources Inc. (Recursos de Avaliação Psicológica Inc.).

James, W. (1991). *Pragmatismo*. Nova Iorque: Prometheus Books.

Johnson, S. 2002. *Quem moveu o meu queijo?* Nova Iorque: Vermillion.

Kastenbaum, R., & Ainsberg, R. (1972). *A psicologia da morte*. Nova Iorque: Springer.

King, S. (2000). *A milha verde*. Nova Iorque: Scribner.

Kohlberg, L. (1984). *A psicologia do desenvolvimento moral: A natureza e validade das etapas*

morais. Nova Iorque: Harper Collins.

Kubler-Ross, E. (1969). *Sobre a morte e a morte*. Toronto: A Companhia MacMillan.

Mazza, N. (2003). *Terapia de poesia: Teoria e prática*. Nova Iorque: Brunner Routledge.

Meichenbaum, D. (1977). *Modificação do comportamento cognitivo: Uma abordagem integrativa*.

Novo

York: Springer

Miller, A. (1998). *Morte de um vendedor*. Nova Iorque: Pinguim.

Munsey, B. (1980). *Desenvolvimento moral, educação moral, eKohlberg*. Birmingham, AL:

Imprensa de Educação Religiosa.

Nicholson, I.A.M. (2003). *Inventando a personalidade: Gordon Allport e a ciência da*

autodeterminação.

Arlington, VA: American Psychological Association Press.

Nietzsche, F. (1973). *Para além do bem e do mal.* Londres: Clays Ltd.

Palahniuk, C. (1999). *Monstros invisíveis.* Nova Iorque: W.W. Norton.

Pattakos, A., & Covey, S.R. (2008). *Prisioneiros dos nossos pensamentos: Os princípios de Viktor Frankl para a descoberta do sentido na vida e no trabalho.* São Francisco: Brent Koehler.

Perls, F. (1973). *A Abordagem Gestalt.* Vancouver: Aquarian Productions Ltd.

Proust, M. (2003). *Recordação de coisas passadas.* Toronto: casa aleatória.

Rogers, C. (1989). *O leitor Carl Rogers.* Nova Iorque: Mariner Books.

Cantor, P. (1994). *Repensar a vida e a morte.* Nova Iorque: Saint Martin's Press.

Cantor, P. (1995). *Como é que vamos viver? A ética na era do interesse próprio.* Nova Iorque: Prometheus Livros.

Steinberg, D. (2000). *Cartas da clínica: Cartas escritas na prática clínica para doentes mentais profissionais de saúde.* Filadélfia: Taylor e Francis.

Szasz, T. (1974). *O mito da doença mental.* Toronto: Harper.

Yablonsky, L. (1976). *Psicodrama.* Nova Iorque: Livros Básicos.

Zimbardo, P. (2007). *O efeito Lúcifer.* Nova Iorque: casa aleatória.